Nugi Garimara ist Doris Pilkingtons Name in der Sprache ihres Volkes, der Aborigines Westaustraliens. Geboren wurde sie auf der Balfour Downs Station in der Pilbara-Wüste. Im Alter von vier Jahren wurde Nugi zusammen mit ihrer Mutter gegen deren Willen in das Moore-River-Reservat umgesiedelt. Sie besuchte eine berüchtigte Missionsschule und absolvierte eine Ausbildung zur Krankenschwester. Erst spät nahm sie in Perth ein Studium der Journalistik auf. Das vorliegende Buch, das die Geschichte ihrer eigenen Mutter erzählt, machte sie berühmt. Die Verfilmung durch Phillip Noyce im Jahre 2001 erregte in Australien eine heftige Kontroverse über ein verdrängtes Kapitel der Geschichte; der Film wurde international ein riesiger Erfolg. Zurzeit arbeitet die 26fache Großmutter Doris Pilkington am dritten Teil ihrer Familientrilogie.

Doris Pilkington

(Nugi Garimara)

Long Walk Home

Die wahre Geschichte einer Flucht
quer durch die Wüste Australiens

Das Buch zum Film

Deutsch von Edith Beleites

Rowohlt Taschenbuch Verlag

Die Originalausgabe erschien 1996
unter dem Titel «Follow the Rabbit-Proof Fence»
bei der University of Queensland Press

5. Auflage Januar 2010

Deutsche Erstausgabe
Veröffentlicht im Rowohlt Taschenbuch Verlag
GmbH, Reinbek bei Hamburg, Mai 2003
Copyright © 2003 by Rowohlt Taschenbuch Verlag
GmbH, Reinbek bei Hamburg
«The Rabbit-Proof Fence»
Copyright © 1996 by
Doris Pilkington-Nugi Garimara
Originally published in the United States and Canada by
Hyperion/Miramax Books as «Rabbit-Proof Fence».
This translated edition published by arrangement with
Hyperion/Miramax Books.
Umschlaggestaltung any.way, Andreas Pufal
Umschlagfoto und Fotos im Tafelteil mit freundlicher
Genehmigung von Odeon Films und Arsenal Filmverleih
Gesetzt aus der Sabon von
Pinkuin Satz und Datentechnik, Berlin
Druck und Bindung CPI – Clausen & Bosse, Leck
Printed in Germany
ISBN 978 3 499 23504 7

Den Kindern meiner Mutter
und meiner Tante und deren Kindern
zur Inspiration, Ermutigung und Orientierung

Ich danke meiner Mutter und meiner Tante, dass sie mir diese Geschichte anvertraut haben, und ich danke dem Amt für Aborigine-Kunst, das die Veröffentlichung ihrer Geschichte erst ermöglichte. Ich danke allen, die mir bei der Arbeit an diesem Projekt geholfen und mich unterstützt haben, ganz besonders Keith Chesson, Jenny Clark (Bibliothekarin bei der Aboriginal Affairs Planning Authority), Duncan Graham, Jude Allen (Department of Conservation and Land Management) und Harry Taylor (Recherchebeauftragter der Adoptionsabteilung im Department of Community Services).

Inhalt

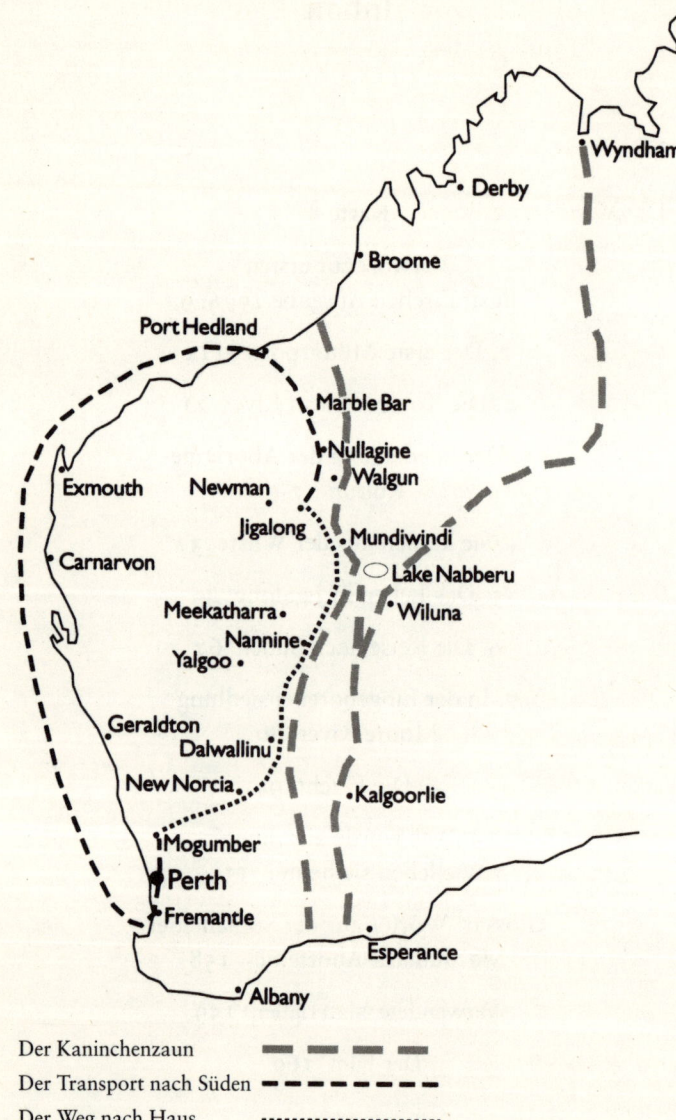

Der Kaninchenzaun   ▬ ▬ ▬ ▬ ▬

Der Transport nach Süden   ▬ ▬ ▬ ▬ ▬

Der Weg nach Haus   ••••••••••••••••••••

Vorwort zur ersten
australischen Ausgabe 1996

Die Wanderung dreier Aborigine-Mädchen von der Eingeborenensiedlung Moore River nördlich von Perth zurück in
ihren Heimatort Jigalong im Nordwesten Australiens war
nicht nur ein historisches Ereignis, sondern gleichzeitig eine
unvorstellbare Leistung. Sie fand in den dreißiger Jahren des
20. Jahrhunderts statt.

Die beiden Überlebenden dieses Trios, meine Mutter und
ihre Schwester Daisy, sind jetzt Ende sechzig und Anfang
siebzig. Sie möchten ihre Geschichte noch zu Lebzeiten veröffentlicht wissen. Wenn sie bei den Interviews von ihrer
Schwester Grace sprachen, sagten sie immer nur «die Schwester, die wir in Geraldton verloren haben» oder «deine Tante».
Es entspricht einer alten Tradition der Aborigines, den Namen einer Person nach deren Tod nie wieder auszusprechen.
Wenn man von einer anderen Person gleichen Namens
spricht, sagt man *gurnmanu*, was so viel heißt wie: «Wie war
nochmal sein/ihr Name?» Man kann den fraglichen Namen
auch durch *Nguberu* ersetzen. Einen Adam Thomas würde
man nach dem Tod eines anderen Mannes namens Adam beispielsweise als *Nguberu* Thomas bezeichnen.

Den Weg ihrer Flucht zu rekonstruieren war anstrengend
und interessant zugleich. Es erforderte eine lebhafte Phanta-
sie, die Geduld einer Heiligen und die wilde Entschlossen-
heit, trotz aller Widrigkeiten das Projekt zu vollenden. Molly, Daisy und Gracie durchwanderten damals Landschaften,
die ihnen fremd waren, daher schien es mir ratsam, mich in
ein zehnjähriges Mädchen zurückzuversetzen, um aus mei-

nen eigenen Erinnerungen an die Landschaft rings um die Eingeborenensiedlung zu schöpfen. Im Geiste wanderte ich mit ihnen und benutzte mein schriftstellerisches Talent, um die Landschaften möglichst so zu beschreiben, wie sie für die Mädchen damals aussahen. Eine Kombination aus Vorstellungskraft und Recherche über geographische und botanische Forschungsreisen, die Anfang des 20. Jahrhunderts in dem Gebiet unternommen wurden, half mir, ein klareres Bild von Vegetation und Landschaft zu gewinnen, mich dem zu nähern, was die Mädchen sahen.

Aber es galt noch eine Reihe anderer Faktoren zu berücksichtigen, um diese Geschichte richtig zu erzählen. Zunächst einmal stellte sich mir die Frage, wie ich eine Landschaft rekonstruieren sollte, die sich in der Zwischenzeit teils stark verändert hat, teils vollkommen zerstört worden ist. Zur Zeit der geschilderten Ereignisse waren große Teile des fraglichen Gebiets unberührtes Buschland, eine fremdartige und Angst einflößende Wildnis für die drei Mädchen, die aus den Wüstenregionen Westaustraliens stammten. Zudem gab es noch keine richtigen Straßen, die die verstreuten Städte nordöstlich von Perth miteinander verbunden hätten. Molly, Gracie und Daisy wanderten durch ein Land, das alle 15 oder 20 Kilometer den Charakter änderte, und jede Landschaftsveränderung bedeutete eine vermehrte Anstrengung, denn es wurde für die Mädchen immer schwieriger, Nahrungsmittel und andere Dinge zu beschaffen, die sie zum Überleben brauchten. Ich habe versucht, im Geiste buchstäblich an ihrer Seite zu wandern, und zwar von dem Moment an, als sie dem Mädchenschlafsaal der Siedlung entflohen, und dann den ganzen Weg nach Jigalong.

Das Alter meiner Mutter und Tante war kein Problem. Ihr Verstand ist immer noch scharf, und es bereitete ihnen keinerlei Schwierigkeiten, sich ihre Erlebnisse noch einmal zu vergegenwärtigen. Mir war jedoch bewusst, dass seither viel Zeit vergangen war, und da die beiden zur fraglichen Zeit noch sehr jung waren, verschwammen ihre Erinnerungen bisweilen oder wiesen Lücken auf. Was ich nicht bedacht hatte und was mir erst bewusst wurde, als wir mit den Interviews begannen, war die Tatsache, dass die Mädchen damals nicht lesen und schreiben konnten. Da sie über keinerlei Erfahrung im Umgang mit Zahlen verfügten, war es unmöglich, korrekte Maßangaben zu machen. Zahlen, Daten und Mathematik jeglicher Art spielen im traditionellen Leben von uns Aborigines kaum eine oder gar keine Rolle. Die Natur war der Kalender, nach dem sich meine Mutter und Tanten richteten; alles bemaßen sie nach Ereignissen und Erlebnissen, die vom Wechsel der Jahreszeiten bestimmt waren. Der Sommer, zum Beispiel, war für die Aborigines die «Zeit der roten Augen», denn dann verursachten Hitze, Staub und Fliegen Probleme mit den Augen. Es war die Jahreszeit, in der die Arbeiter der Rinder- und Schafzuchtfarmen ihren Jahresurlaub nahmen. So wurde «Zeit der roten Augen» denn auch ein gebräuchlicher Ausdruck für Wochenenden und freie Tage auf den Tierfarmen in der Pilbara-Region. Der Winter beziehungsweise die Regenzeit hießen *yalta* oder *galyu*-Zeit. Und die Wochentage benannte man nach den verschiedenen Hausarbeiten, die man an diesen Tagen erledigte: Der Montag hieß Waschtag, der Dienstag Bügeltag, der Mittwoch Flicktag und so weiter.

Auch Ereignisse von kultureller und zeremonieller Bedeutung strukturierten die Zeit. Wenn beispielsweise die Menschen aus der Umgebung von Jigalong und der Gibson-Wüste Geschichten erzählen, datieren sie das Geschehen anhand besonderer Ereignisse. Die Geschichten – egal ob es sich um die Weitergabe historischen Wissens oder um Anekdoten handelt – beginnen anders als westliche Geschichten.

Wenn es im Westen präzise heißt: «In den Weihnachtsferien 1968 ...», beginnt die Geschichte eines Aborigines: «Es war *galyu*-Zeit. Überall *galyu*, die Straßen waren überschwemmt ...», oder: «Es war *ngulungga*-Zeit, als wir die große Versammlung hatten ...» Die Zuhörer wissen dann, dass es die Zeit der traditionellen Bräuche und Rituale war. So misst sich die Zeit in diesen Gemeinschaften nach Ereignissen und den Jahreszeiten.

Bei der Schilderung ihres langen Marsches Richtung Heimat erzählte Tante Daisy, wie sie an der Nannine-Bahnlinie, südlich von Meekatharra, Emuküken jagten. Sie beschrieb ganz genau das schwarz-weiß gestreifte Federkleid der Küken. Recherche und persönliche Erfahrung ermöglichten es mir, das Alter der Küken zu bestimmen, und dieses wiederum wies darauf hin, dass diese Episode auf die letzten Augusttage oder Anfang September zu datieren war.

Jahreszeitliche Besonderheiten spielen also eine wichtige Rolle bei der Schilderung dieser Wanderung – nicht Zahlen. Ganz in der Tradition des Geschichtenerzählens der Aborigines standen die Jahreszeiten, Beschaffenheit und Zustände der natürlichen Umwelt bei der Schilderung dieser Wanderung im Vordergrund – nicht westliche Begriffe von Zeit und Entfernung. Ich habe mich aber bemüht, diese unterschiedlichen Wissens- und Erfahrungswelten miteinander zu verflechten, um den Lesern eine genaue Vorstellung von diesem historischen Marsch zu vermitteln.

Dieser Marsch fand statt zu einer Zeit, als der Kontinent noch nicht von Highways und asphaltierten Straßen durchzogen war. Es gab allenfalls Schotterpisten, meist jedoch nur unbefestigte Wege und Pfade, die nicht extra angelegt worden waren, sondern die Spuren von Karren, Pferdegespannen und den ersten Automobilen markierten. Die Mädchen mieden diese Wege, vor allem in Gegenden, wo der Kanin-

chenzaun in der Nähe von Ortschaften wie Sandstone ver-
lief, denn dort wären sie den Weißen zu leicht aufgefallen
und man hätte sie sofort der Polizei gemeldet.

Molly, Gracie und Daisy stammten aus einer entlegenen
Gemeinde im Nordwesten Westaustraliens, wo die Weißen
stark zusammenhielten und per Funk, Telefon und Post un-
tereinander Kontakt hielten. Die Mädchen wussten das und
versuchten, unentdeckt so schnell wie möglich voran und
auf schnellstem Wege nach Hause zu kommen.

1. Der erste Militärposten

Es war noch sehr kühl an diesem Frühsommermorgen. Die frische, saubere Luft, die er einatmete, fühlte sich gut an. Er stand auf, streckte die Arme über den Kopf und ließ sie dann sinken. Die anderen schliefen noch. Das war nichts Ungewöhnliches. Kundilla wachte immer als Erster auf. Langsam drehte er sich um und sah auf die Schlafenden unter den wärmenden Decken aus Tierhäuten. Sie lagen vor ihren Unterschlupfen aus Zweigen und Baumrinde. In dieser Gegend gab es reichlich Bäume und Büsche, deshalb hatte man hier das Winterlager aufgeschlagen. Kundilla setzte sich leise in Bewegung, um sich seinem Morgenritual zu widmen, und verließ den Lagerplatz in der Lichtung, etwa hundert Meter vom Fluss entfernt. Als er zurückkam, blieb er am Flussufer stehen und zog die Netze aus dem Wasser, die er am Vorabend ausgelegt hatte. Alles um ihn herum war friedlich. Vögel zwitscherten hoch über ihm im Laub der gigantischen Eukalyptusbäume, und manchmal hörte er die Fische aus dem Wasser schnellen. Die Morgendämmerung war ihm die liebste Tageszeit. Während die Sonne am Himmel stieg, konnte er in Ruhe seine Gedanken wandern lassen, über die letzten Tage nachdenken und, was noch wichtiger war, die nächsten Schritte planen, ohne dabei gestört oder abgelenkt zu werden.

Er konnte ja nicht ahnen, dass es mit der Ruhe bald vorbei sein würde, dass Zerstörung und Verzweiflung drohten, dass dieser unberührte Wald bald von den verzweifelten Schreien und dem anhaltenden Gejammer unzähliger Menschen widerhallen würde – seiner eigenen Leute, die von Fremden gepeinigt und von ihrem Land vertrieben wurden.

Das lange, gewellte graue Haar und der dichte weiße Bart verliehen seinem Äußeren Würde. Mit zwei Netzen voller Krabben und Krebse fürs Familienfrühstück kehrte er zum Lagerplatz zurück. Er war mächtig und stark, und man zollte ihm Respekt.

Kundilla war zufrieden mit dem Ergebnis des gestrigen Buschfeuers. Es war die Jahreszeit, in der alle Mitglieder seiner Familie, egal wie weit entfernt sie wohnten, zusammenkamen und das dichte Unterholz in Brand steckten, um das Wild aufzuscheuchen, Kängurus und Wallabys, die dort Unterschlupf suchten. Die Männer verteilten sich um das Gebüsch und warteten, bis das Wild in Panik daraus hervorbrach. Dann erlegten sie es mit Speeren oder Keulen. Aus den Pelzen wurden warme Mäntel für die bitterkalten Winterwinde des Südwestens genäht. Die kleineren Felle wurden zu pelzgefütterten Beuteln verarbeitet, in denen man Säuglinge und alles Mögliche tragen konnte.

Kundilla hatte zwei Frauen. Als er zum Lagerplatz zurückkehrte, hatte Ngingana, die ältere der beiden, schon das Feuer für die erste Mahlzeit des Tages gemacht. Sie scharrte Kohlen und Asche zur Seite und legte die Krebse darauf. Als sie gar waren, nahm sie sie mit einem langen grünen Stock heraus und legte sie auf Eukalyptusblätter. Sie wedelte die Asche herunter und rief die anderen zum Essen. Zu trinken gab es kühles Wasser aus der Senke unter den dichten Binsen am Flussufer. Kundillas zweite Frau, Mardina, stillte Jalda, das jüngste Kind.

Die zwei halbwüchsigen Söhne, Wandani und Binmu, würden bald den Lagerplatz verlassen, um zusammen mit einigen Gleichaltrigen die Rituale zu absolvieren, die sie zu Männern machten. Mardina betrachtete sie stolz, und ihr Anblick versetzte ihr einen Stich. Für sie waren es noch richtige Jungen, und wenn es nach ihr gegangen wäre, hätten sie es noch einen weiteren Sommer lang bleiben dürfen. Aber sie war nur ihre Mutter. Die Stammesältesten hatten ihre Entscheidung gefällt, und es gab nichts, was sie dagegen tun konnte. Mardina wischte sich eine Träne aus dem Auge, hob den Kopf und widmete sich wieder dem Stillen von Baby Jalda.

Kundillas drei verheiratete Söhne und deren Familien hatten ihr Lager ein Stück weiter rechts aufgeschlagen. Andere Familien lagerten in der Nähe, und alle zusammen bildeten sie einen Halbkreis. Insgesamt waren es etwa sechzig Menschen. Für Jäger und Fischer war dies um diese Jahreszeit der ideale Ort. Manche wohnten sonst etliche Tagesreisen entfernt und hatten sich der Gruppe angeschlossen, solange es hier reichhaltige Nahrung gab. Kundilla wollte bald zur Flussmündung weiterziehen, wo er für sich und seine Familie Flusskrebse, Krabben und Robben fangen wollte. Alle freuten sich auf die alljährliche Reise zum Meer.

Nach dem Frühstück setzte sich Kundilla in den Schatten eines großen Eukalyptusbaumes abseits vom Lagerplatz, um noch vor der Reise seine Speere und Netze instand zu setzen. Aus der Ferne hörte er die Geräusche des Alltagslebens: Mütter und Großmütter, die ihren Kindern und Enkeln Anweisungen zuriefen, spielende, streitende und quengelnde Kinder, andere, die vergnügt im Wasser planschten. Als er nach dem Schleifstein griff, um einen Speer zu schärfen, schallte ein merkwürdiges Geräusch durch den Wald. Die Ruhe und der Frieden wurden von einem lauten Knall gestört. Alarmiert und verängstigt rissen die Frauen Säuglinge und Kleinkinder an sich und rannten zu den Männern.

«Was war das?», fragten die Leute den Anführer. Sogar die Vögel waren aufgescheucht und tschilpten laut auf der Flucht in die höchsten Baumwipfel.

«Ich weiß nicht, was für ein Geräusch das war oder woher es kam», sagte Kundilla. «Aber wir werden zum Fluss gehen und herausfinden, was es war», fügte er beruhigend hinzu. Er rief die erwachsenen Männer zu sich, und sie versammelten sich um den Stumpf eines Teebaums.

«Sie sind zurückgekehrt. Sie wollen unsere Frauen rauben.» Kundillas Stimme verriet Wut und Furcht.

«Ja, aber was können wir tun, um sie daran zu hindern?», fragte Bunyun, sein ältester Sohn. «Ihr alle wisst, was das letzte Mal passierte, als sie an Land kamen.»

Die Männer nickten und erinnerten sich an das, was Bunyuns Onkel Tumi und anderen Mitgliedern seiner Familie passiert war, die ihr Lager weiter unten am Ufer aufzuschlagen pflegten, nahe der kleinen Bucht. Sie waren von Weißen erschossen worden, als sie sie daran hindern wollten, ihre Frauen zu kidnappen. Die Familie trauerte noch um die Toten.

Kundilla und seine Familie hatten gehört, wie brutal ihre Brüder und Onkel von den Weißen getötet worden waren. Die grausamen mordlüsternen Männer, Piraten, Landstreicher und entwichene Sträflinge, kamen an Land, raubten die Frauen der Aborigines und hielten sie als Lustsklavinnen auf ihren Schiffen gefangen, bis sie sie schließlich töteten und ihre Leichen ins Meer warfen, wenn ihre Dienste nicht länger benötigt wurden. Überführte Verbrecher stellten die Besatzungen der amerikanischen Walfangschiffe, die an der Südküste Westaustraliens Jagd auf Wale und Robben machten. Obwohl die mutigen Krieger der Nyungar furchtlos gegen sie kämpften, waren sie den weißen Eindringlingen mit ihren Musketen, Schwertern und Pistolen nicht gewachsen.

Als die Weißen im Süden des Kontinents auf das Volk der

Nyungar trafen, waren sie von deren Freundlichkeit und Gastfreundschaft angenehm überrascht gewesen. Zuerst hießen die Aborigines die Wal- und Robbenjäger willkommen. Sie interessierten sich für die Boote, mit denen die Männer an Land gerudert waren. Mit Handzeichen gaben sie ihnen zu verstehen, wie beeindruckt sie von den gezimmerten Spanten und der Form der Boote waren. Die Weißen luden die nichts ahnenden Aborigine-Männer in ihr Strandlager ein, um vorzutäuschen, sie seien in freundlicher Absicht gekommen; die Frauen hielten sich außer Sichtweite der Fremden.

Die Nyungar gaben den Robbenjägern zu verstehen, dass sie zu einer Insel gefahren werden wollten (dem heutigen Green Island), um dort Vogeleier zu sammeln. Diese Bitte kam den Weißen gerade recht; besser hätten sie den Betrug selbst nicht einfädeln können. Sofort stimmten sie zu und fuhren sechs Männer zu der Insel, setzten sie dort aus und überließen sie ohne Nahrung und Trinkwasser ihrem Schicksal. Die Weißen kehrten zum Festland zurück und durchkämmten das Gebiet hinter den Sanddünen, bis sie den Lagerplatz der Aborigines und an diesem sechs Frauen fanden, die sie auf das Walfangschiff verschleppten, wo sie furchtbar misshandelt und schließlich getötet wurden.

Die Wal- und Robbenjäger begriffen bald, dass die Nyungar sie respektierten und verehrten, weil sie die Weißen für *gengas*, Geister der verstorbenen Ahnen, hielten. Überall entlang der Küste schlugen sie Lager auf, von der Känguru-Insel über die Große Australische Bucht bis hin zum (später so genannten) King-George-Sund in Westaustralien.

Der Gouverneur von New South Wales, Ralph Darling, schickte Major Edmund Lockyer mit einer Abordnung von achtzehn Soldaten des 93. Regiments und fünfzig Sträflingen zum King-George-Sund, an die Stelle, wo heute die Stadt Albany liegt, um dort die erste Militärbasis zu gründen. Ihre

Aufgabe bestand darin, marodierende Sträflinge, Wal- und Robbenfänger abzuschrecken. Sie segelten mit der Brigg *Amity* dorthin und lagen einen Monat im King-George-Sund vor Anker. Eines heißen Sommermorgens im Jahre 1826 gingen Major Lockyer und zwei seiner Offiziere an Land, erklommen die Klippen und erkundeten den Naturhafen. Sie waren begeistert von der Schönheit dieser Küstenregion, aber der Boden gefiel ihnen nicht.

Der laute Knall, der die Nyungar so erschreckt hatte, war der Salut einer 18-Pfund-Kanone, die die Soldaten abgeschossen hatten, als sie die britische Flagge, den Union Jack, zum ersten Mal auf westaustralischem Boden hissten.

Als Kundilla und seine drei Söhne die Küste erreichten, wussten sie nicht, was sie erwartete. Da es sehr warm war, blieben sie zunächst im Schatten. Dort gestand Kundilla seinen Söhnen, dass er Angst habe. Plötzlich hörten sie Stimmen. Die weißen Männer schrien sich gegenseitig etwas zu. Kundilla und seine Söhne spürten die Gefahr. Sie kletterten auf die Klippen und versteckten sich hinter dem dichten Gebüsch an der Felskante. Bäuchlings spähten sie hinunter auf den Strand. Auf den Anblick, der sich ihnen bot, waren sie nicht vorbereitet. Dort unten waren keine chaotischen, brutalen Schreihälse, sondern Männer mit fremdartigen scharlachroten Jacken; manche trugen grobe weiße Baumwollanzüge. Alle waren sehr blass. «Gewiss sind es *gengas*», flüsterte Kundilla und rückte noch näher an die Felskante.

Die Fremden unterhielten sich in einer Sprache, die die Aborigines noch nie gehört hatten. Alle hatten die gleiche blasse Haut, aber ihre Haarfarben waren verschieden. Manche hatten Haare, die wie trockenes Gras aussahen, andere welche in der Farbe von *bigudas*, wieder andere hatten Haare, die so dunkel waren wie ihre eigenen. Die Männer hatten ein Lager aufgeschlagen und waren dabei, sich einzurichten.

Kundilla und seinen Söhnen lief es kalt den Rücken hinunter, als sie sahen, was dort unten am Strand vor sich ging. Zwei Nyungar-Männer wurden von vier Rotröcken zu einem kleinen Boot gebracht, das mit ihnen zu der ankernden Brigg in die Bucht hinausruderte. Überrascht und erleichtert sahen sie später, dass ihre Landsleute unversehrt zurückkehrten.

«Diese Fremden wollen uns nichts Böses», sagte Kundilla zu seinen Söhnen.

Es hatte ganz den Anschein, als seien die Nyungar-Männer nur so lange an Bord der *Amity* festgehalten worden, bis Major Lockyer und einige seiner Offiziere genug Pflanzen und Erdproben eingesammelt hatten; danach hatte man sie wieder freigelassen. Als Kundilla sah, dass die Fremden keine Kidnapper und Mörder waren, beschloss er, zum Lagerplatz zurückzukehren und den anderen zu berichten, was an der Küste vor sich ging. Er würde seine Leute beruhigen und ihnen sagen, dass ihnen die Besucher nicht nach dem Leben trachteten.

Der militärische Vorposten bei Albany wurde fünf Jahre lang gehalten. Während dieser Zeit litten Soldaten wie Sträflinge unter Isolation, Einsamkeit und Langeweile. Dann befand Major Lockyer, man verfüge nicht über die geeigneten Waffen, um einem Angriff von Wal- und Robbenjägern standhalten zu können; er und seine Männer seien schutzlos. So kehrten sie in das wachsende und schon zu diesem Zeitpunkt sehr belebte Sydney zurück, um die Entbehrungen der letzten Jahre zu vergessen. Jeder Tag in Albany war für die Europäer eine Qual gewesen, und sie waren glücklich, als sie den Außenposten aufgeben durften.

2. Die Kolonie Swan River

Zwei Jäger knieten auf dem nassen Boden neben einem kleinen grauen Känguru und zogen ihre Speere aus seiner Brust. Wenn es kalt und feucht war, lohnte sich die Jagd immer, denn im Regen waren Groß- wie Kleinwild leichte Beute. Spuren zeichneten sich deutlich auf dem Boden ab, und meist konnten die Tiere nicht schnell genug flüchten, da der Regen Hören und Sehen erschwerte. Wenn sich die Jäger im Schutze des Regens anpirschten, kamen sie oft ganz nah an die arglosen Tiere heran.

Bidgup hievte sich das Känguru auf die Schulter, während sein jüngerer Bruder Meedo die Speere und die anderen Waffen einsammelte. Dann traten sie den Heimweg an. Sie hatten ihr Lager in Boorloo aufgeschlagen, dem Stammesland von Yellagonga, der ein friedliebender Mann war.

Bidgup schob einen harten grünen Stock zwischen die Beine des Tieres und hob es mit Meedos Hilfe auf den Ast eines Banksiabaumes. Meedo hockte sich neben einen Teebaum und sah sich nach scharfkantigen Steinen zum Schneiden um, aber ehe er sich für einen entschieden hatte, rief Yellagonga alle zu einer Versammlung. Alle außer den Säuglingen, den Alten und Kranken bewegten sich auf den Platz ihres Anführers zu und setzten oder stellten sich um die Feuerstellen, gespannt auf das, was er ihnen zu sagen hatte.

Yellagonga sprach mit fester Stimme. «Wir alle wissen, dass diese fremden Männer, die *gengas*, schon seit langer, langer Zeit in unser Land kommen.» Alle nickten.

«Mein Großvater erzählte mir von ihnen, als ich ein kleiner Junge war. In kleinen Booten ruderten sie die Flüsse hinauf, um frisches Wasser und Nahrung zu suchen. Dann verschwanden sie wieder. Aber diese *gengas* sind anders. Ihr wisst, was vor nicht allzu langer Zeit passierte, als Dayup und die anderen eingeladen wurden, mit ihnen zum Fluss hinunterzugehen. Der *genga* sprach unsere Männer in seiner Sprache an, also verstanden sie nicht, was er sagte.»

Die Nyungar-Männer, von denen Yellagonga sprach, wussten nicht, worum es ging, als sie mit Captain Fremantle zusammentrafen. Der Captain sagte zu ihnen, den ursprünglichen Landesherren, die sich am schlammigen Ufer des Flusses versammelt hatten: «Meine Regierung hat mich angewiesen, diese Angelegenheit mit euch zu besprechen und eure Zustimmung einzuholen, bevor wir diesem Land einen englischen Namen geben.»

Dayup sah seine Landsleute fragend an, dann wieder den weißen Mann, der da zu ihnen sprach. Aus seinem Verhalten und dem der anderen, die ihm salutierten, schloss er, dass das ein wichtiger Mann war, aber worüber redete er nur? Als Captain Fremantle begriff, dass er nicht verstanden wurde, versuchte er es mit Zeichensprache. Die Verständigungsschwierigkeiten machten ein vernünftiges Gespräch aber unmöglich. Wie konnte ein Fremder mit Zeichensprache ausdrücken, dass er dem Heimatland der Aborigines einen ausländischen Namen geben wollte? Es war unmöglich, und die Nyungar verwirrte all das Herumgestikulieren noch mehr als die fremde Sprache. Trotzdem fuhr Captain Fremantle fort:

«Dann wären wir uns also einig, meine, äh, Herren», sagte er, stand auf und nahm Haltung an.

Die Nyungar-Männer sahen Dayup fragend an, aber der war genauso verwirrt wie sie. Er streckte die Hand aus und schüttelte verzweifelt den Kopf. Er hätte die fremde Sprache wirklich gerne verstanden. Er sah seine Leute an und sagte: «Ich weiß nicht, wovon dieser Mann spricht.»

«Ich gehe also davon aus, dass wir einer Meinung sind und dass ich eure Zustimmung habe», sagte Captain Fremantle und nickte den Nyungar-Männern zu, die reglos dastanden und ihn stumm ansahen.

«Vielen Dank, meine Herren.» Er trat einen Schritt zurück, und seine prächtige Marineuniform glitzerte. Dann verkündete er mit lauter Stimme: «Hiermit verleihe ich diesem Land den Namen Westaustralien.» Er blickte zu den Kalkfelsen hoch und salutierte zackig vor der Flagge, die, rot, weiß und blau in den Farben des britischen Empire, im Wind flatterte.

Das Kanonenboot HMS *Challenger*, mit dem Captain Fremantle gekommen war, blieb noch einige Wochen in der Flussmündung vor Anker liegen. Es war Captain James Stirling und den ersten Siedlern vorausgesegelt. Die Nyungar gewöhnten sich an seinen Anblick und beobachteten manchmal schweigend, wie die Besatzungsmitglieder den Fluss auf und ab ruderten.

«Nun», sagte Yellagonga. «Heute haben Yalbung, Beeboo und ihre Söhne in der Nähe des Flusses Jagd auf Opossums gemacht, als sie Männerstimmen hörten und die Klagerufe verängstigter Frauen. Sie sagen, sie haben auch noch andere merkwürdige Geräusche gehört, Geräusche, die in dieser Gegend noch niemals zu hören waren. Sie kamen von der anderen Seite der Sandhügel.

Unsere Männer sind vorsichtig auf die Sandhügel gestiegen und durch die niedrigen Büsche gekrochen, bis sie ganz oben waren und über die Dünen schauen konnten. Normalerweise ist dieses Ufer eine weiße, menschenleere sandige

Fläche, aber heute gab es dort etwas Merkwürdiges zu sehen. Überall waren Dinge abgestellt worden, alle möglichen Sachen, die diese Fremden mitgebracht haben. Außerdem haben sie dieses Mal ihre Frauen mitgebracht», sagte Yellagonga.

«Was hat das zu bedeuten?», fragte Moody, sein Onkel.

«Ich weiß es nicht», antwortete er. «Vielleicht ist ihr Schiff gestrandet.»

Was es jedoch wirklich bedeutete, war dieses: Die ersten europäischen Siedler waren gelandet. Ihre Ankunft im Juni 1829, mitten im verregneten Winter, war alles andere als angenehm. Da saßen sie, eng zusammengerückt, mit ihrem feinen Zeug, unter einem Regenschutz aus Segeltuch und mussten trübsinnig mit ansehen, wie der Regen auf ihre Koffer prasselte, in denen Seidenkleider, kostbares Porzellan, Erinnerungsstücke und andere persönliche Dinge verpackt waren.

«Der Regen wird unsere Möbel und das Klavier ruinieren», klagte eine der Frauen. «Bitte tut doch etwas! Jemand muss die Sachen doch retten!»

«Wir tun unser Bestes», antwortete ein Matrose und spannte ein Pferd vor einen Holzkarren. «Aber zuerst müssen wir das Vieh von Bord holen.»

Die anderen Frauen sagten nichts, und tun konnten sie unter diesen Umständen auch nichts, sie konnten nur dasitzen und zuschauen, wie ihr kostbarer Besitz vom Regen durchweicht wurde, in einem Land, das sich den entmutigten feinen Damen und Herren als eine wahre Wildnis präsentierte.

«Wo ist das Arkadien, von dem uns so viel erzählt wurde, das Paradies auf Erden?», fragte Christopher Marsden, ein Londoner Geschäftsmann. «Das hier kann es ja wohl nicht sein.»

Die anderen nickten zustimmend. «Wir hätten nicht her-kommen sollen, Arthur», sagte eine verweinte Frau zu ih-rem Mann und klammerte sich an seinen Arm.

Arthur Carberry hatte sich den Siedlern angeschlossen, weil er sich seinen lebenslangen Traum erfüllen und in den Landbesitzerstand aufsteigen wollte. Wie hatte er all die Jahre seine reichen Landsleute beneidet, wenn sie mit ihren roten Jacken bei der Fuchsjagd an ihm vorübergaloppierten! Er blickte auf die beiden Füchse, die in großen Käfigen auf diesem gottverlassenen Strand vor ihm standen. Er hatte ge-hofft, gutes, fruchtbares Land vorzufinden und hier reich zu werden. Seine Frau verstärkte den Griff um seinen Arm und schluchzte. Carberry tätschelte sanft ihre Hand und versuch-te sie zu trösten: «Captain Stirling hat einen Navigations-fehler gemacht. So etwas kommt schon mal vor.»

Ein Navigationsfehler! In Wirklichkeit war Folgendes passiert: Captain James Stirling hatte die *Parmelia* auf einer mehr als achtmonatigen Überfahrt befehligt. Er war darauf erpicht, das Land in Besitz zu nehmen, das ihm die Koloni-albehörde zugesagt hatte, ohne es gekauft zu haben oder zu besitzen – eine halbe Million Morgen Nyungar-Land, das einfach zum Besitz Großbritanniens und des Common-wealth erklärt wurde. Außerdem hatte Stirling die Erlaub-nis, fast eine viertel Million Morgen Land eigener Wahl zu-sätzlich in Besitz zu nehmen. Sobald er sich niedergelassen und eine Kolonie gegründet hatte, sollte er deren Gouver-neur werden.

Stirling hatte die Überfahrt gemeistert und wähnte sich am Ziel seiner Träume. Nie hätte er gedacht, dass dieser Kontinent für jemand anderen genauso verlockend sein könnte wie für ihn. So war er in keiner Weise auf den An-blick gefasst, der sich ihm bot, als er auf die Flussmündung zusegelte. Dort lag die *Challenger* vor Anker. Der Anblick des von Captain Fremantle befehligten Kanonenbootes versetzte ihn in Panik. Er war so darauf versessen, schnell an Land zu kommen, dass er eine Abkürzung suchte und sein Schiff samt Fracht und Passagieren – den ersten englischen Siedlern in diesem Landesteil – krachend an die Felsen manövrierte. Glücklicherweise ertrank niemand.

Als Nächstes musste Captain Stirling feststellen, dass sein Rivale, Captain Fremantle, nicht nur einhunderttausend Morgen Land für sich beanspruchte und bereits in Besitz genommen hatte, sondern eine Million Quadratmeilen dazu, die er zur Kolonie Swan River erklärt hatte.

Für die europäischen Siedler, die in Höhe des heutigen Cottesloe auf dem Strand warteten, sollte das Schlimmste aber noch kommen. Das Land erwies sich nämlich als nicht sehr fruchtbar. Dichtes, stark verschlungenes Gestrüpp überwucherte den Boden, und als sich das Wetter besserte, machten ihnen Moskitoschwärme und andere Plagen das Leben schwer.

3. Der Niedergang
der Aborigine-Kultur

Alle, die mit Captain Stirling angekommen waren, und andere, die vor 1830 als Siedler kamen, hatten das Recht, sich überall dort Land zu nehmen, wo es ihnen gefiel. Das beste Land beanspruchten die Wohlhabenderen und Einflussreicheren unter ihnen für sich, Leute, die ihren hergebrachten Sitten und Gebräuchen verpflichtet waren. Von ihnen wurde erwartet, dass sie ihr «Englischsein» unter allen Umständen beibehielten. Folglich veranstalteten sie Picknicks, Fuchsjagden und Bälle. Diese Zerstreuungen waren dem neuen Landbesitzerstand sehr willkommen, denn diese Leute stammten aus Arbeiterfamilien. Sie genossen es, sich für diese Veranstaltungen fein anzuziehen und als Angehörige einer sozialen Schicht zu gelten, die sie früher nur neidvoll aus der Ferne beobachtet hatten.

Die Abenteuerlustigen unter ihnen entdeckten bald, dass es außerhalb der Kolonie Swan River unendlich viel fruchtbares Land gab, auf dem man anbauen konnte, was man wollte.

Das Volk der Nyungar und alle anderen Aborigine-Völker begriffen nach und nach, was die Ankunft der europäischen Siedler für sie bedeutete: die Zerstörung ihrer traditionellen Lebensweise und die Enteignung ihres Landes.

Bidgup und Meedo beklagten sich bei Yellagonga nach etlichen erfolglosen Jagdversuchen: «Wir können unseren alten Jagdrouten nicht folgen», sagte Bidgup. «Überall versperren Zäune den Weg.»

«Als wir über einen Zaun gestiegen sind, kam ein Mann

und richtete so ein Ding auf uns – ein Gewehr – und sagte, er erschießt uns, wenn er uns noch einmal sieht», sagte Meedo sichtlich mitgenommen.

«Überall stehen Hütten und Farmen. Bald vertreiben sie uns wohl ganz aus unserem Land.»

Yellagonga fand keine Worte der Ermutigung für seine Cousins. Er war sich über nichts mehr sicher. Wo einst Buschland gewesen war, standen jetzt Zelte, Hütten oder Häuser. Bald würden die Weißen ihm auch sein Land wegnehmen, und es gab niemanden, der sein Volk für die erlittenen Ungerechtigkeiten entschädigte.

Von ihren natürlichen Nahrungsquellen waren sie abgeschnitten, und darum erwarteten die Nyungar, dass die Weißen die vorhandene Nahrung mit ihnen teilten.

«Wir nehmen uns ein Schaf. Die Weißen haben so viele, dass sie es gar nicht vermissen werden», sagte Bidgup. Sein jüngerer Bruder Meedo nickte.

«Wenn sie die Nahrung nicht freiwillig teilen, müssen wir uns selbst etwas nehmen.»

Die Brüder wurden erwischt, als sie ein Schaf mit Speeren erlegten. Sie waren die Ersten, die nach englischem Gesetz verurteilt wurden; viele Nyungar sollten ihnen folgen. Sie erhielten eine mehrjährige Gefängnisstrafe und wurden in die Strafkolonie Rottnest Island gebracht. Ihr Volk stand an den schlammigen Ufern des Flusses, als sie mit einem Segelschiff fortgeschafft wurden. Ihre Eltern, Frauen und Kinder weinten und jammerten, während andere stumm zusahen, wie sie, die Beine in Eisenfesseln gelegt, in ein Boot gestoßen und dann flussabwärts transportiert wurden, aufs offene Meer hinaus. Sie wurden nie wieder gesehen. Hunderte folgten ihnen, in Ketten gelegt, übers Wasser ins Ungewisse. Einige konnten fliehen, andere verbüßten ihre Strafen und kehrten in die Heimat zurück, wieder andere wurden in fremden Städten irgendwo entlang der Küste abgesetzt. Manche blieben ihr Leben lang auf der Insel in Haft.

Die weißen Siedler hingegen genossen jeden erdenklichen Schutz; für sie galten die ihnen vertrauten Gesetze, und ihre Polizisten und Soldaten taten alles, um diesen Gesetzen zur Durchsetzung zu verhelfen.

Eines Abends brachte Moody, Yellagongas Onkel, beängstigende Neuigkeiten vom Volk am Lake Monger mit. «Letzte Woche fand dort eine große Versammlung statt. Sie haben einen Mann bestraft, weil er gegen die Gesetze der Weißen verstoßen hatte. Und dann kamen Soldaten und holten mehrere Männer ab.»

Es war offensichtlich, dass die herkömmliche Lebensweise der Aborigines nicht nur bröckelte, sondern ganz und gar zerstört wurde.

«Es hat den Anschein», sagte Moody, «dass die Fremden unsere Gesetze nicht anerkennen.» Die Nyungar waren verletzt und verwirrt. Man bestrafte die Aborigines dafür, dass sie ihre traditionellen Gesetze anwendeten, Gesetze aus der Traumzeit, die von alters her überliefert wurden.

Und nicht nur das. «Als sich der alte Udja beim Magistrat darüber beschwerte, dass ihm ein Weißer seine Frau Nella geraubt hatte, gab man ihm einen Sack Mehl und schickte ihn nach Haus», rief Moody seinen Leuten in Erinnerung. «Udja hatte geglaubt, dass die Gesetze der Weißen auch für ihn gelten. Aber das ist nicht der Fall.»

Wie viele andere wurden mit Lebensmittelgaben abgespeist? Die Weißen hatten zweierlei Gesetz etabliert. Das war für die Nyungar schwer zu verstehen und zu akzeptieren. Eine endlose Kette von Konflikten zwischen den ursprünglichen Besitzern des Landes und den weißen Eindringlingen folgte, auf beiden Seiten häuften sich die Berichte von brutalen Morden. Die weißen Siedler richteten Musketen,

Schwerter und Pistolen gegen die Nyungar, die sich mit Speeren rächten. Bald schon mussten die Aborigines im ganzen Land die Überlegenheit des weißen Mannes anerkennen und sich seinem erbarmungslosen Waffeneinsatz beugen. Sie waren gezwungen, sich dem weißen System von Gerechtigkeit und Strafe zu beugen.

Die Europäer stießen immer weiter ins Landesinnere vor, wie ein außer Kontrolle geratenes Buschfeuer. Nichts und niemand konnte sie aufhalten. Die Auseinandersetzungen zwischen den Nyungar und den Eindringlingen nahmen zu, und überall in der Kolonie wurde nach dem Recht des Stärkeren verfahren. Die Aborigines aus allen Teilen des Landes (außer in der Zentralregion und in der Westlichen Wüste) wurden aus ihren traditionellen Lebensräumen vertrieben und zu einer besitz- und rechtlosen, ihrer Lebensgrundlagen beraubten Rasse. Sie begriffen zu spät, dass die weißen Eindringlinge Menschen waren – und nicht die Geister der Ahnen.

Die Kolonisten hatten diesen Glauben gründlich ausgenutzt. Die Nyungar, einst ein stolzes Volk, verloren den Lebensmut. Man hatte sie enteignet, man hinderte ihre Lehrmeister und Rechtskundigen daran, ihr Wissen anzuwenden. Sie mussten darum kämpfen, wenigstens im Geheimen ihre heiligen Riten, ihre Tänze und Zeremonien zelebrieren zu können, die so wichtig für ihre Kultur und ihre ganze Lebensart waren.

Sie litten im Verborgenen, unterdrückt, still und zutiefst verletzt. Sie bewahrten die magischen Tänze und Lieder, die sie nicht mehr tanzen und singen durften, nur in der Erinnerung, es sei denn, ein Regierungsbeamter befahl ihnen, sie vorzuführen. Vorbei war die Zeit, als die *corroborees*, die magischen Tänze, von Dutzenden Füßen getanzt wurden, die im Mondschein den Staub rund um die glühenden Feuerstellen aufwirbelten. Krieger mit bemalten Körpern und Federbüschen auf den mit Ocker bemalten Häuptern verblassten in der Erinnerung und gehörten der Vergangenheit an. Die wichtigen Tage im Wechsel der Jahreszeiten gerieten in Vergessenheit.

Die britische Kolonie galt als besonders gelungenes Unternehmen, weil es so leicht war, Arbeitskräfte anzuheuern. Die meisten Kolonisten bevorzugten dafür Aborigines. «Nach meiner Beobachtung», schrieb George Fletcher Moore in seinem *Diary of Ten Years*, «ist das schwarze Personal der Kolonie sehr arbeitswillig; und letzten Endes sind wir auf diese Schwarzen angewiesen, denn wir könnten es uns nicht leisten, englischen Arbeitskräften die Löhne zu zahlen, die sie gewohnt sind. Dasselbe gilt für die Verpflegung. Die Schwarzen bekommen praktisch nur Reis – das ist einfach und billig.»

Eine zusätzliche Beleidigung durch die weißen Eindringlinge war das alljährliche Verteilen von Decken. Jedes Jahr zum Geburtstag von Königin Viktoria bekamen die Aborigines großzügig Decken geschenkt. Die *Illustrated Melbourne Post* berichtete über dieses Ereignis in ihrer Ausgabe vom 20. August 1860 auf Seite 9 und nannte es «eine armselige Entschädigung für viele Millionen Morgen fruchtbaren Bodens, die wir ihnen genommen haben. Aber sie sind schon für Kleinigkeiten dankbar. Auch die wenigen Nahrungsmittel und Kleider, die man unter den elenden Überresten dieses einst so zahlreichen Volkes verteilt, werden mit größter Dankbarkeit entgegengenommen.»

4. Sie kamen aus der Wüste

Anfang des 20. Jahrhunderts erreichten Fortschritt und Wohlstand den Westen Australiens, vor allem im Bergbau und in der Landwirtschaft. Die Schaf-, Rinder- und Weizenfarmen blühten. Die Grenzen der weißen Siedlungen wurden erweitert, damit sie die Nachfrage des wachsenden Weltmarktes befriedigen konnten. Die Expansion brachte große Veränderungen mit sich: Aus Siedlungen wurden Städte, und bald schon war alles landwirtschaftlich nutzbare Land im Südwesten und in den Küstengebieten nördlich von Perth von weißen Siedlern besetzt. Die Regierung ließ zu, dass die europäischen Farmer große Gebiete für sich beanspruchten. Man überließ ihnen das Land für die Schaf- oder Rinderzucht ohne jede Entschädigung für die ursprünglichen Besitzer, das Volk der Mardudjara.

Die Mardudjara setzen sich aus mehreren Stämmen zusammen, die einst die Wüstenregionen bewohnten. Jede Gruppe sprach einen eigenen Dialekt. Heute dagegen ist ihre gemeinsame Sprache eine Mischung der beiden Hauptdialekte, Gududjara und Mandildjara. Wer sich heute noch als Mitglied dieses Volkes versteht, wird unterschiedslos als Mardu bezeichnet, seine Sprache als Mardu *wangka*. Die Siedler der Region Pilbara verhielten sich gegenüber dem Volk der Mardudjara sehr entgegenkommend. Die Farmbesitzer und ihre Verwalter machten aus ihnen Viehhüter und Hausdiener, und bald schon waren sie dafür bekannt, dass sie ausgezeichnet mit Pferden und Rindern umgehen konnten. Beim Herdentrieb erwiesen sie sich überdies als gute Reiter, und nachts organisierten sie selbständig den Wachwechsel zum Schutz der Herden. Die Frauen erwiesen sich als dienstbare Hausmädchen und Köchinnen. Sie fühlten sich nicht ausgebeutet, sondern privilegiert. Dennoch hatten gute Arbeitsbedingungen und gegenseitiger Respekt – hier wie anderswo auf dem riesigen Kontinent – ihre Grenzen. Immer wieder kam es zu Gewalttätigkeiten, manchmal mit tödlichem Ausgang, und nicht jeder Fall wurde überhaupt bekannt. Außerdem litten alle Aborigine-Völker unter der Landnahme der europäischen Siedler und der Ausdehnung der landwirtschaftlichen Nutzung des Landes. Sie wurden aus ihren angestammten Lebensräumen vertrieben, man tat ihnen Gewalt an oder sie wurden ermordet; bei den Frauen kam sexuelle Ausbeutung hinzu.

Bei dem einzigen aktenkundigen Konflikt zwischen Mardu und Weißen in der Westlichen Wüste ging es um Brunnenbauarbeiten an einem heiligen Ort, wo die Bauarbeiter heilige Gegenstände zerstört und weggeschafft hatten. Es kam zu Tätlichkeiten. Mardu-Männer griffen die zwei weißen Arbeiter an, die das Heiligtum zerstört hatten, und töteten sie mit Speeren.

Die Männer des Bautrupps steigerten sich bei der Beerdigung der Toten so in Wut, dass sie einer Gruppe Mardu in einem trockenen Flussbett auflauerten und sie im Schlaf erschossen. Die ahnungslosen Mardu befanden sich auf der Wanderung und hatten ihr Nachtlager aufgeschlagen. Am nächsten Tag wollten sie weiterziehen. Sie wussten nicht, dass dieses trockene Flussbett zu ihrem Grab werden würde. Dieser Vorfall ereignete sich um 1906/1907 zwischen den Brunnen Nr. 33 und 62 entlang der Canning Stock Route.

Die Nachricht verbreitete sich in der ganzen Region. Die Sippenältesten begriffen, dass sie mit den Waffen der Aborigines – Holz und Steine – den Waffen der Weißen nicht gewachsen waren. Speere und Bumerangs konnten sie bei Über-

raschungsangriffen aus kurzer Entfernung erfolgreich einset-
zen, doch im offenen Kampf mit den weißen Abenteurern
waren sie vollkommen nutzlos. Von ihren versteckten Spä-
herposten beobachteten Mardu-Männer die Brunnenbauer
bei der täglichen Arbeit. Eines Tages im Morgengrauen sahen
sie mit Erleichterung, wie die Arbeiter ihre Zelte einrollten
und sie zusammen mit anderen Utensilien auf Packpferde und
Dromedare luden. Ihre Teilstrecke der 1610 Kilometer langen Brunnenkette war fertig, und sie machten sich auf den
Heimweg.

Für die Mardu bedeutete das zunächst, dass sie sich
wieder freier bewegen konnten, aber die Errichtung der
Canning Stock Route behinderte den Zug nach Südwesten
zum Posten Jigalong doch sehr. Die einzelnen Familien-
verbände der Mardu bahnten sich eigene Pfade durch die
Wüste und ließen sich an verschiedenen Orten in der Ost-
Pilbara, östlich von Wiluna und bei den Goldminen des
Ostens nieder – wo sie das ganze Jahr über ausreichend
Nahrung fanden und, was noch wichtiger war, vor den wei-
ßen Eindringlingen sicher waren.

Die Pfade wanden sich kreuz und quer durch die rote
Wüstenlandschaft, den traditionellen Lebensraum des Mar-
du-Volkes seit über vierzigtausend Jahren. Die Mardu wurden zwar nicht vertrieben, aber sie entschieden sich aus verschiedenen Gründen, ihr Land Richtung Süden zu verlassen.
Die Angst vor Repressalien war der wichtigste, aber was sie
über die Nahrung und den Tabak der Weißen hörten, besaß
durchaus auch Überzeugungskraft. Die Wanderung vom
Ostufer des Lake Disappointment ging in kleinen Gruppen
von sechs bis zwölf Personen vor sich.

Dora wurde in der Nähe von Lake Dora in der Großen
Sandwüste geboren. Sie erinnert sich lebhaft daran, wie sie,

ihre Mutter, ihre Schwester, zwei Brüder und sieben andere Familienmitglieder den langen Marsch durch die staubige Wüste im Nordosten des heutigen Aborigine-Territoriums Jigalong machten. Unterwegs schlug die Familie an einem trockenen Sommernachmittag in einem ausgetrockneten Flussbett im Schatten eines Eukalyptusbaumes ihr Lager auf. Sie hatten seit zwei Tagen kein Fleisch gegessen. Die Hunde hatten ein mageres Känguru erlegt, aber das war schon längst verspeist. Also beschlossen die Männer, an einer Wasserstelle einige Kilometer südlich des Rastplatzes auf die Jagd zu gehen.

Plötzlich zeigte ein jüngerer Mardu, der erst vor kurzem in den Mannesstand erhoben worden war, ganz aufgeregt nach Südosten und rief: «Seht mal!»

Alle standen auf und starrten ungläubig auf die riesige, sich langsam vorwärts bewegende rote Staubwolke.

«Was ist das?», fragten sie sich, die Hände als Schutz gegen die glühende Sonne über den Augen.

«Sieht aus wie eine große Herde», sagte ein alter Mann. «Muss wohl das *ngubby* sein, von dem der Bruder aus Jigalong erzählt hat. Gutes *mundu*.»

Es war das erste Mal, dass die Sippe eine Rinderherde der Weißen sah. Sie waren sehr neugierig und wollten die Tiere aus der Nähe sehen. Die Treiber rasteten und tränkten die Herde an genau der Wasserstelle, zu der die Mardu-Männer unterwegs waren. Aber jetzt war es keine einfache Wasserstelle mehr, sondern ein offizieller Brunnen für Viehtreiber und Rinderherden auf ihrem staubigen Weg nach Süden zu den Bahnstationen Wiluna und Meekatharra oder nach Norden zum Hafen von Wyndham.

«Die weißen Geister haben genug Tiere. Wir haben Hunger. Also nehmen wir uns eins», sagte Doras Vater, Lubin.

«Ich erledige das, wenn es dunkel ist», bot sich sein jün-

35

gerer Bruder Golda an. Er wollte allein gehen, um sich als Jäger und Versorger zu beweisen.

«Nein, das ist zu gefährlich allein. Wir gehen mit», sagte Buggeda, sein Onkel. Alle beschlossen, dass Golda der Richtige für diese Aufgabe sei. Als es dunkel genug war, schlichen sich Golda, Buggeda und sein jüngerer Bruder Juberji an die Rinderherde heran. Die beiden Älteren nahmen hinter hohen, schlanken Mulgabäumen Deckung, während Golda sich einem zurückweichenden Stier näherte, der etwas abseits von der Herde stand, und ihm einen Speer durch den Bauch jagte. Noch ehe er den tief im Fleisch sitzenden Speer aus dem Tier ziehen konnte, wurde er von dem Treiber erschossen, der die Nachtwache übernommen hatte und sich gerade einen Becher Tee hatte holen wollen, als er im flackernden Schein des Lagerfeuers eine Bewegung sah.

«Was war das, Ted?», fragten die anderen Treiber und rannten in Stiefeln und Unterwäsche auf ihn zu.

«Nur ein Schwarzer. Ich hab ihn erwischt, als er einen Jungstier stehlen wollte», sagte Ted.

«Okay. Jim und Mick, ihr legt die Leiche unter den Baum da», befahl Tom McIarty, der Boss der Treiber. «Für den Stier können wir nichts mehr tun, als ihn von seinen Qualen zu erlösen. Ted, das machst du.»

«Okay, Boss», sagte Ted, setzte dem Tier den Gewehrlauf auf den Kopf und legte den Finger an den Abzug.

«Nein!», schrie der Boss. «Nicht das Gewehr! Das gibt eine Riesenschweinerei. Nimm meine Pistole. Hier! Und du, Harley, am besten weidest du das Tier gleich aus, aber die Haut ziehen wir ihm erst morgen ab.»

Harley James machte sich an die Arbeit, kehrte zu seinem Lagerplatz zurück, blies die Sturmlaterne aus und versuchte, den Anblick des toten Aborigine zu vergessen. Er schloss die Augen und wartete auf den Schlaf.

Buggeda und Juberji hatten entsetzt und ungläubig zugesehen, wie ihr Neffe zu Boden gegangen und das Blut aus seiner dunklen Brust geschossen war. Der Mord war im Schein der Sturmlaternen deutlich zu sehen gewesen. Sie warteten die frühen Morgenstunden ab, um sicherzugehen, dass sie den Leichnam ungesehen zu ihrem Rastplatz bringen konnten.

Am nächsten Tag zelebrierte Goldas Familie die traditionellen Riten und begrub den Toten in der Nähe einiger niedriger Akazienbüsche. Als das Grab mit trockener roter Erde gefüllt war, bedeckten sie es mit großen Steinen, damit die Dingos es nicht aufbuddeln konnten. Der kleine Familienclan beschloss, diesen Ort zu verlassen und anderen Mitgliedern der Sippe zu folgen, die schon früher fortgezogen waren.

Als sie zu ihrem Rastplatz zurückkehrten, sahen sie, wie die Viehtreiber langsam nach Westen weiterzogen. Die Mardus nutzten die Gelegenheit, stillten am Brunnen ihren Durst und füllten ihre hölzernen Vorratsflaschen auf. Einige Meter von den Futtertrögen entfernt fand einer der Männer die Überreste eines geschlachteten Stiers, den oberen Teil – Kopf, Hals und Brustkorb. Sie bereiteten sich ein Frühstück aus gebratenem Rindfleisch, tranken noch einmal Wasser, und dann wanderten sie, so weit sie konnten, bevor die Hitze unerträglich wurde. Drei der älteren Frauen bauten einen *wuungku*. Sie teilten sich, was von dem Fleisch übrig war, tranken etwas Wasser und rasteten bis zum späten Nachmittag. Dann zogen sie weiter. Die alten Männer beschlossen, zum Rudall River zu ziehen, der in ihrer Sprache Buungul hieß, und dann nach Osten, bis zur nächsten Siedlung.

«Dann gingen wir noch ein Stück», sagte Dora. «Alle Kinder trugen *yina booger* aus Baumrinde an den Füßen.» Denjenigen, die noch nie *yina booger* gesehen hatten, versprach sie, ihnen zu zeigen, wie sie gemacht wurden und welche Sorte Rinde sie benutzen mussten.

Diese einfache Fußbekleidung schützte die Füße sehr wirksam vor dem brennend heißen roten Wüstensand. Normalerweise trugen die Wüstennomaden keinerlei Schutz an ihren abgehärteten Fußsohlen, aber sie wanderten sonst auch niemals in der größten Mittagshitze umher. Meist waren sie vom frühen Morgen bis zum Mittag unterwegs, dann rasteten sie unter einem Blätterdach oder im Schatten eines Baumes, bis es wieder abkühlte und sie die Wanderung fortsetzen konnten.

Nach etlichen Tagesmärschen in der sommerlichen Hitze und mit sehr wenig zu essen kamen sie an ein kühles, schattiges Flussbett. Während die Frauen eine Lagerstätte herrichteten, saßen die Männer am Flussufer und prüften ihre Waffen, denn gleich bei Tagesanbruch wollten sie auf die Jagd gehen.

Einer der Männer, Jilba, stand auf, um einen neuen Speer auszuprobieren, als er eine Bewegung hinter den Bäumen auf der anderen Seite der Ebene wahrnahm. Er schlug nicht Alarm, bis er sich sicher war, was er dort sah. Zuerst konnte er es nicht richtig erkennen. Die Sonne im Westen sank langsam, und er konnte nur erkennen, dass sich etwas genau auf sie zubewegte.

«*Bukala, bukala!*», mahnte er, und dann wiederholte er seinen Aufruf zur Eile sehr eindringlich. Die Kinder und Frauen verschwendeten keine Zeit damit, nach dem Grund zu fragen. Sie ließen sich auf Hände und Knie nieder und versteckten sich zwischen ein paar großen Felsen am Fluss. Von den sicheren Felsen aus riskierten sie einen Blick auf das bedrohliche Etwas. Sie sahen ein fremdartiges Wesen immer näher kommen. Alle zitterten vor Angst. Die Kinder begannen zu wimmern und klammerten sich an ihren Müttern fest.

«Es ist ein großer *marbu* mit langen *kudda*», sagte Doras Mutter, Barphada. Es war das erste Mal, dass sie so einen Geist aus der Nähe sah. Alle hatten große Angst.

Im Näherkommen flogen die *kudda* des *marbu* auf und ab. Die Männer hoben ihre Speere. Plötzlich rief eine Stimme etwas auf Mardu *wangka*. Freundlich begrüßte sie die Familie und sagte, sie sollten keine Angst haben.

«Das ist ein Pferd», sagte der Fremde, als er auf sie zuritt. Der große junge Mann schien weder ein Schwarzer noch ein Weißer zu sein. Er klang harmlos, aber noch waren sie sich nicht sicher, was sie von ihm halten sollten, die Frauen und Kinder blieben in ihrem Versteck hinter den Felsen.

Seine Mutter sei eine Mardu, erklärte der Mann, sein Vater dagegen ein Weißer, ein *wudgebulla* namens Harry Phillips. Er selbst sei ein *muda-muda*, ein Halbblut, und er arbeite als Rinderhirt auf Talawana, einer nahe gelegenen Zuchtfarm.

Er führte die Gruppe zu der Farm, wo sich schon einige Verwandte aufhielten, die aus der Wüste gekommen waren und sich entschlossen hatten, hier zu bleiben.

Der kleine Familienverband aus der Wüste wurde in kürzester Zeit an das Essen der Weißen gewöhnt und mit seiner Zubereitung vertraut gemacht. Das *mayi* oder Brot war größer und weißer als das aus zusammengelesenen Körnern. Das Fleisch wurde gekocht, gebraten, gesalzen oder kam aus Dosen. Man gab ihnen sehr erfrischenden Tee zu trinken, der bald zu ihrem Lieblingsgetränk wurde; er war mit Milchpulver und viel weißem Zucker verrührt. Alle staunten über die Dinge, die es auf dieser von Weideland umgebenen Farm zu sehen und zu hören gab. Die Nahrung, die sie aus der Wüste gewohnt waren, hatte kaum Ähnlichkeit mit der, die sie hier bekamen. Die Wüstennomaden benutzten kein Kochgeschirr. Beim Trinken schöpften sie das Wasser mit den bloßen Händen aus den Wasserstellen oder benutzten Holzschalen. Nur im warmen Winter gab es etwas anderes zu trinken, wenn die Blüten der Wüsteneiche gepflückt und in Wasserbehältern eingeweicht wurden, sodass ein süßes Getränk entstand, das wie Fruchtsaft schmeckte.

Während die Neuankömmlinge noch ihre erste Mahlzeit genossen, durchsuchten die anderen, die schon länger hier waren, bereits die Kleiderberge, die überall im Camp herumlagen. Es handelte sich um ausrangiertes, abgetragenes Zeug der Weißen, mit dem die Aborigines die nackten Körper bedecken sollten. «Der Boss und die Missus wollen hier keine Nackten sehen», sagte man ihnen.

«Wir müssen den ganzen Körper bedecken. Jeder *buchiman* muss diese Kleidung tragen», informierte man die Neuankömmlinge.

Sie stellten sich im Kreis um die Berge von Kleidern, mit denen der Boss, die Missus und die anderen ihre Körper bedeckt hielten, und starrten höchst verwundert darauf. Sie konnten nicht verstehen, warum jemand Nacktheit als peinlich oder anstößig empfand: Es war doch das normale, natürliche Äußere. Sie waren ihr Leben lang nackt gewesen, abgesehen von einem Schurz um die Hüfte, der aus Menschenhaaren gefertigt war. Ihre Körper bedeckten sie nur mit einer Salbe aus rotem Ocker und Tierfett. Noch heute glauben die Aborigines, dass diese Salbe sie vor Krankheiten und bösen Geistern schützt. Aber ihr eigentlicher Zweck besteht darin, auf der Jagd den menschlichen Körpergeruch zu überdecken. Auch bei ihren rituellen Zeremonien benutzen die Aborigines diese Salbe.

Nach dem Essen begutachteten auch die Neuen die Kleider, bevor sie sie anprobierten. Es wurde viel gelacht und herumgealbert, als sie vor den Zuschauern auf und ab stolzierten. Schallendes Gelächter brach aus, als Jibaru, der kleinste Mann der Familie, die wohl größten Hosen der ganzen Sammlung anzog. Wie sollte er darin *kumbu* machen, wenn die Hose bis unter die Achseln ging?

Jeder bekam einen vollständigen Satz Kleidung oder auch zwei, und niemand scherte sich darum, ob die Sachen schick oder modern waren. Wichtig war nur, dass sie den Körper bedeckten. Es war auch egal, ob die Sachen passten oder ob sie bequem waren. Entscheidend war nur, den Boss und die Missus zufrieden zu stellen.

Später an diesem Abend fragte jemand, ob sich die Neuen nicht duschen und umziehen wollten, aber das lehnten sie entschieden ab. Sie hatten gerade ein Mitglied der Familie begraben und trauerten noch, folglich würden sie das neue Zeug über den mit Ocker bemalten Körpern anbehalten, bis die Zeichen und Symbole verblasst waren. Bubinya, der älteste von denen, die schon länger auf der Farm lebten, entschuldigte sich für die Taktlosigkeit und goss sich noch einen Becher Tee ein. Die Dusche musste also warten. Man machte es sich zwischen den Haufen abgelegter Weißenkleidung bequem, unterhielt sich und ließ sich erzählen, was die neuen Herren noch alles von einem erwarteten, wenn man hier bleiben wollte.

Der Verwalter der Farm wurde von denen, die schon länger hier waren, respektiert und bewundert. «Der *wudgebulla* ist ein kluger Mann. Er ist ein starker *marbarn*. Er hat den *jilla* gefangen und in das *ngubby* gesperrt», sagte ein alter Mann und zeigte auf die Windmühle und ein randvolles Wasserbecken. Wer den *jilla*, den Geist der Traumzeit, der Flüsse, Seen und Wasserlöcher entstehen lässt, fangen und einsperren konnte, musste in der Tat ein großer Magier sein. Die Wanderer aus der Wüste konnten nur staunen.

Bubinya sah an diesem Sommerabend sehr müde und sehr zufrieden aus. Er zog das Baumwollhemd aus, denn es war ihm zu warm und unbequem. «Man muss den ganzen Körper bedecken», sagte er. Obwohl er schon seit fast einem Jahr auf der Farm wohnte, hatte er sich noch nicht an die

Kleidung gewöhnt, aber er hielt es für seine Pflicht, dieses wichtige Gebot weiterzugeben. Alle nickten; sie begriffen, dass sie sich den veränderten Lebensbedingungen anpassen und dem neuen Boss gehorchen mussten, um ihn nicht zu verärgern. Sie legten sich auf die von der Regierung verteilten Decken, und bald wurde es still, und alle schliefen fest.

Eines Morgens, die Sonne ging gerade im Osten auf, beschloss der kleine Familienverband, seine Habseligkeiten zu packen und weiterzuziehen. Vor zweieinhalb Monaten waren sie auf der Talawana-Farm angekommen. Sie packten Proviant für vier Tage. Zuerst würden sie Richtung Osten ziehen, bis sie an den Kaninchenzaun kämen, von da aus würden es noch zwei Tagesmärsche sein, bis sie mit denen zusammentrafen, die vor ihnen die Heimat verlassen hatten.

Angst und Ruhelosigkeit beherrschten die Wüstenbewohner und zwangen sie, die Heimat zu verlassen und Schutz und Sicherheit in Jigalong, einem Außenposten der Regierung, zu suchen. Die Zahl der Neuankömmlinge wuchs von Woche zu Woche. Die Nachricht von Goldas Ermordung machte immer noch die Runde unter den Wüstenbewohnern. Wer würde der Nächste sein?

Golda, Doras Vater Lubin und seine Familie wohnten über ein Jahr in Jigalong und wollten ihr Leben lang dort bleiben. Unter den ersten Aborigines, die sich dort ansiedelten, waren Ruppi und seine Familie gewesen. Als Lubin davon hörte, wollte er mehr über ihre Geschichte erfahren und wissen, was sie zu diesem Außenposten getrieben hatte.

«Woher kommst du, Ruppi?»

«Von dort», sagte Ruppi und zeigte nach Südosten. «Rechts von Gumbalbindil.» (Das ist der ursprüngliche Name des Lake Disappointment in der Gibson-Wüste.) «Von der Carnegie-Farm», fügte er hinzu.

Ruppi erinnerte sich, dass es ein extrem heißer Tag gewesen war, die Salzseen brodelten vor Hitze, und die dürren Bäume spendeten kaum Schatten. Ruppi und seine Familie gingen zu einem kühlen Rastplatz in einem schmalen, sandigen Flussbett, legten sich nieder, dösten und schliefen ein.

«Dann hörten wir jemanden rufen. Yai! Yai! Yai!», sagte Ruppi. »Wir standen alle auf und sahen uns um. Die vier Hunde kläfften wie wild, und so wussten wir, dass sich Fremde näherten. Der Älteste, mein Vater Gunbu, griff nach seinen Bumerangs und Speeren, machte einen Speer bereit und wartete.

Ich war noch ein junger Bursche, schon zum Mann erklärt, aber noch nicht verheiratet. Wir waren nicht viele – mein Vater, die beiden Mummys, die Frauen meines Vaters, und meine drei Schwestern. Meine drei Brüder waren einige Monate zuvor fortgezogen, einer nach Wiluna, einer nach Leonora, und der älteste nach Jigalong», erklärte Ruppi.

Die Familie schaute über die trockenen Salzseen und suchte nach Anzeichen irgendeiner Bewegung. Dann sahen sie sie. «Ich sah sie zuerst und rief: ‹Da sind sie!› Es waren Mardus, sechs Männer und vier Hunde. Mein Bruder Chummy, der nach Jigalong gegangen war, war einer von ihnen», sagte Ruppi, machte eine Pause und nahm einen Schluck von dem kalten, süßen Tee aus dem offenen Kessel.

«Wir freuten uns, sie zu sehen, vor allem mein Bruder Barlu.» Er wies mit einer Kopfbewegung auf einen großen, schlanken Mann mittleren Alters, der gerade seinem Speer den letzten Schliff gab. Die anderen fünf waren Mandildjara und Gududjara aus dem Nordwesten. Ruppis Leute waren Budidjara, und sie befanden sich auf ihrem angestammten Land.

Die Besucher brachten zwei gekochte Emuschenkel als Geschenk mit, außerdem Tee, Mehl und Tabak. Alles wurde gleich probiert. Die Leute waren beeindruckt. Ruppi sagte, dass sie die Besucher ungläubig ansahen, als diese erzählten, all das sei nur ein Teil der wöchentlichen Lebensmittelration, die der Boss in Jigalong an sie verteilte.

An diesem Abend, als alle rund ums Feuer saßen und zu Abend aßen, erzählten die Besucher, welch schreckliche Ereignisse den Mardu-Völkern überall in der Wüste so große Angst machten.

«Sie erzählten von weißen Männern, die schreckliche Waffen benutzten, so genannte Gewehre. Mein Vater sagte, er wisse, was Gewehre seien. Er hatte schon welche gesehen», sagte Ruppi. «Die weißen Männer, die durch diese Gegend zogen, durch das Land der großen Salzseen, hatten damit Kängurus und Emus erlegt, um sie zu verspeisen.»

Die Budidjara bekamen Angst. Schweigend starrten sie in die Glut, bis die Frauen aufstanden, ein Stück in die Dunkelheit gingen und kurz darauf mit mehr Brennholz zurückkehrten. Dann erhoben sich die Männer und gingen zu ihren Lagerplätzen, um «Männerangelegenheiten» miteinander zu besprechen. Das Gespräch dauerte bis tief in die Nacht. Zum Schluss, als alle Neuigkeiten und Familiengeschichten ausgetauscht waren, kehrte der alte Gunbu zu seinen Frauen zurück und machte es sich auf der trockenen, staubigen Erde so bequem wie möglich, bis er einschlief. Ruppi blieb bei den Besuchern und schlief in ihrer Nähe.

Mit dem ersten Tageslicht wachte der alte Mann auf, klopfte sich den roten Staub von Gesäß und Hüften und band sich den Haargürtel um die Taille. Dann entfernte er sich vom Lagerplatz, um einige Zeit später mit frischem Feuerholz zurückzukehren. Er harkte das verkohlte Holz auseinander, legte trockene Gräser darauf und häufelte kleine Zweige und größere Holzstücke darüber.

«*Bukala, bukala!*», rief er. Niemand reagierte, und er rief noch einmal: *«Bukala, bukala!»* Dieses Mal wurde er gehört, und die Lagerstätte erwachte zum Leben.

Nach einem Frühstück aus Emufleisch, Buschbrot und Tee aus dem offenen Kessel verkündete Gunbu, man werde nun die Heimat verlassen und nach Jigalong ziehen, um sich dort niederzulassen. Die Erzählungen der Besucher hatten ihn davon überzeugt, dass es die richtige Entscheidung war. Niemand war überrascht, die Frauen schienen es regelrecht erwartet zu haben. Obwohl der weiße Mann sie nicht von ihrem Land vertrieb, waren alle der Meinung, dies sei unter den gegebenen Umständen das Beste.

«Dort sind wir in Sicherheit», sagte Gunbu zu seiner Familie. «Außerdem sagt mein Sohn, dass es dort Banaka-Männer und -Frauen gibt, die nur darauf warten, endlich heiraten zu können. Männer für meine Töchter und eine Frau für meinen Sohn.» Er machte einen zufriedenen Eindruck. Er wusste, dass sie in Jigalong von den zu erwartenden Heiratskandidaten Lebensmittel und Tabak geschenkt bekommen würden.

Der alte Mann stand auf, nahm seine Speere, Bumerangs und einige kleinere Waffen an sich und steckte sie in seinen Haargürtel. Die anderen Männer taten es ihm gleich und gaben dabei Acht, dass ihre im Verborgenen bewahrten heiligen Gegenstände von niemandem gesehen wurden. Die Frauen packten Wasserbehälter, Essensreste und den am Vortag als Geschenk erhaltenen wertvollen Wassersack aus Segeltuch, der noch halb voll war.

«Bukala, bukala!» mahnte der alte Mann. «Wir haben einen langen Weg vor uns. Lasst uns gehen», sagte er und wandte sich in Richtung auf den Lake Nabberu am Kaninchenzaun.

Die Männer gingen voran, und die Frauen folgten. Der alte Mann hatte zwei Hunde bei sich, mit denen er etwas abseits vom Pfad links auf einen schmalen Wasserlauf mit Mulgabäumen zuging. Die Frauen zogen mit zwei sehr mageren Hunden los. Am späten Nachmittag trafen sie wieder zusammen und machten ein großes Feuer, damit die Rauchfahne den Weg zum Lagerplatz wies. Frisches Fleisch wurde in der Asche gegart. Ein kleiner Teil davon wurde gegessen, die Knochen und anderen Abfälle bekamen die Hunde. Der Rest wurde für den nächsten Tag aufbewahrt. Großwild gab es kaum, aber sie konnten einen Buschtruthahn, Eidechsen und Kakadus fangen, die in den Eukalyptusbäumen am Ufer der Flussbetten hockten.

Als sie den Kaninchenzaun erreichten, folgten sie ihm bis zum Savory Creek. Der Marsch dauerte einige Tage. Sie gingen bei Sonnenaufgang los, marschierten bis zum Mittag, machten Rast und gingen bis zur Abenddämmerung weiter. Dann bereiteten sie ihr Nachtlager.

«Als wir nach Jigalong kamen», sagte Ruppi, «brachte uns mein großer Bruder zu seinem Camp am Flussufer, ganz in der Nähe des Kaninchenzauns. Nach dem Essen führte uns meine Schwägerin Minta zu dem Laden, um *midka* und *jaarta* und *jina-jina* für die Frauen zu kaufen.»

Noch in derselben Nacht wurden die Neuankömmlinge aus der Wüste mit der «Zivilisation» bekannt gemacht, indem sie wie Weiße aßen und deren warme, unbequeme Kleidung trugen. Nach einigen Tagen konnte man Frauen im Camp sehen, die nicht nur ein, sondern zwei oder drei Kleider verschiedener Länge, Farbe und Muster übereinander trugen. Niemand hatte ihnen gesagt, dass man nur eins zur Zeit trug, man hatte ihnen nur erklärt, wie man einen Rock anzieht. Man hatte ihnen auch nicht erklärt, dass man das Kleid auszieht, wenn es schmutzig geworden ist, und dann ein sauberes anzieht.

«Es hieß, wir müssen uns am ganzen Körper bedecken,

weil die *wudgebulla* keine nackten Menschen sehen wollen», sagte Ruppi. «Zuerst war es nicht angenehm, Kleider zu tragen, aber wir mussten es tun, wir hatten keine Wahl.» Diese Menschen, die es gewohnt waren, unbekleidet durch die Wüste zu ziehen, konnten nicht verstehen, warum sie ihre Blöße bedecken sollten. Sie hatten doch nur Nahrung und Schutz gesucht.

Die Mardu merkten bald, dass die Weißen nicht das Einzige waren, woran sie sich gewöhnen mussten, denn es gab da noch die großen Tiere, die sie zunächst für *marbus* gehalten hatten – die Pferde. Die Aborigines gaben ihnen den Namen *yowada*.

Außer den Pferden hatten die Weißen noch andere Tiere ins Land gebracht, wie etwa Rinder, Schafe, Füchse und Kaninchen. Die Kaninchen passten sich an dieses heiße, trockene Land schnell an, sie gediehen und vermehrten sich mit alarmierender Geschwindigkeit. Um den Kaninchenbestand zu kontrollieren, wurde 1907 der Kaninchenzaun errichtet. Auf einer Länge von 1834 Kilometern durchzog er ganz Westaustralien, er erstreckte sich vom Meer im Süden nahe dem Hafen Esperance bis zum tropischen Eighty Mile Beach nördlich von Port Hedland. Die damals amtierende Regierung glaubte, ein fachmännisch errichteter und gewarteter Stacheldrahtzaun könne die Kanincheninvasion aus den östlichen Gebieten aufhalten. Aber das erwies sich als falsch: In Westaustralien gab es bald mehr Kaninchen als auf der östlichen Seite des Zauns.

An strategisch wichtigen Punkten des Zauns wurden kleine Wachposten errichtet. Inspektoren wurden zur Überwachung und Wartung des Zauns eingestellt, sie führten Reparaturen bei Flut- und Brandschäden durch und wenn Emus oder Kängurus den Zaun beschädigt hatten. Zu zweit ritten sie auf Dromedaren oder Pferden entlang des Zauns Patrouille, wobei jedes Reiterpaar für eine Länge von 240 Zaunkilometern verantwortlich war.

Dieser Kaninchenzaun wurde für jedermann zu einer wichtigen Landmarke, auch für das Volk der Mardudjara, als sie ihr angestammtes Land in den Wüstenregionen verließen. Sobald sie den Kaninchenzaun erreichten, folgten sie dem Zaun bis Jigalong.

Der alte Gunbu und seine Familie hatten es gut, als sie sich in Jigalong niederließen. Zwei seiner Töchter heirateten Banaka-Männer aus dem Familienverband der Mandildjara, und die jüngste Tochter heiratete einen Banaka-Mann der Gudidjara. Eine der Frauen, Minden, bekam eine reizende Tochter, der vom Vorsteher des Postens Jigalong der Name Maude gegeben wurde.

Fünf Jahre nach der Übersiedlung nach Jigalong starben Maudes Großeltern. Der alte Gunbu ging eines Abends wie gewohnt schlafen und wachte nicht mehr auf. Seine erste Frau, Maupi, Maudes Großmutter, bekam einen Infekt der Luftwege, möglicherweise eine echte Grippe, von der sie sich nicht wieder erholte. Ruppis Mutter Duddi, Gunbus zweite Frau, zog zu Sohn und Schwiegertochter auf die Balfour-Downs-Farm.

Maude wuchs in einer herzlichen, liebevollen Umgebung auf und schenkte vielen Menschen Freude. Für ihr Alter war sie immer recht klein, aber das hinderte sie nicht daran, mit Verwandten in anderen Camps zu spielen. Immer wieder bewies sie ihnen, dass sie genauso gut auf Eukalyptusbäume an den Flussufern klettern konnte wie alle anderen auch.

In den Weihnachtsferien verließen fast alle die Wohncamps und wanderten zu den Orten, an denen die «großen Zusammenkünfte» stattfanden.

5. Das Leben in Jigalong

Der Regierungsposten Jigalong wurde 1907 errichtet. Es war ein Basiscamp für die Inspektoren, die am Kaninchenzaun patroullierten, ihn von abgefallenen Ästen und Grasbüscheln befreiten, die der Wind angeweht hatte, oder von Tierkadavern, die sich im Stacheldraht verfangen hatten. Der Vorsteher des Postens war gleichzeitig der Schutzbeauftragte für die Aborigines. Zu der Zeit bestand das gesamte Personal des Postens aus zwei weißen Männern; weiße Frauen kamen erst später nach.

An die Mardu, die aus der Wüste kamen, wurden Essensrationen, Kleidung, Tabak und Decken verteilt. Der Posten erregte Neugier und Interesse bei den Nomaden der Region. In kleinen Gruppen, meist Familienverbänden, wanderten sie dorthin, um zu sehen, was dieser Ort ihnen zu bieten habe. Die alten Leute waren der ständigen Nahrungssuche müde geworden, die so viel schwieriger geworden war, seit man nicht mehr ungehindert jagen konnte. Noch wichtiger war aber der Schutz, den der Posten bot, er war ein Zufluchtsort, an dem man sich nachts zur Ruhe legen konnte, ohne Angriffe von Weißen fürchten zu müssen. Die jüngeren Leute hatten starke Vorbehalte und misstrauten dem Ganzen, aber sie begleiteten die Älteren, wie es ihre Pflicht war.

Bis in die dreißiger Jahre hatte sich der Posten durch die vielen Menschen, die aus der Wüste kamen, stark vergrößert. Die Älteren hatten beschlossen, Jigalong zum Schauplatz für ihre heiligen und geheimen Zeremonien zu machen. Heilige Objekte wurden aus den Verstecken in der Wüste hergebracht und hier vergraben; dadurch wurde der Ort zu einer ständigen Anlaufstation, und viele siedelten sich hier fest an. Aber auch sie gaben ihr Wanderleben nicht ganz auf, stattdessen entwickelten sie einen halbnomadischen Lebensstil. Meist lebten sie hier, wo die Versorgungslage sicher war, und wenn sie den durch die Regierungsrationen immer gleichen Speiseplan ergänzen wollten, gingen sie auf die Jagd und suchten sich ihre traditionelle Buschnahrung. Diese Jagdausflüge wurden zu einer regelmäßigen Wochenendunternehmung.

Während der Weihnachtsferien am Ende des Jahres hielten sie eine große Zusammenkunft ab, bei der sie alle wichtigen Riten und Zeremonien vollführten. Die jungen Männer zogen sich zur Initiation zurück, und die jungen Mädchen wurden offiziell ihren *bilgurs* übergeben, sofern sie schon *durn-durns* waren. Wie alle anderen Mädchen wusste auch Maude, wer ihr *bilgur* war; sie waren einander schon als Säuglinge versprochen worden. Jedes Jahr, wenn sie mit ihren Eltern an den Zusammenkünften teilnahm, war sie nervös und hoffte, dass es noch nicht an der Zeit war, sie zu verlassen. Doch was dann kam, traf sie und ihre Familie vollkommen unvorbereitet.

«Ich will Maude nicht zur Frau nehmen. Ich will ihre Cousine», verkündete ihr *bilgur* der Versammlung. Maude senkte den Kopf; sie wollte nicht, dass jemand sah, wie erleichtert und erfreut sie war. Ihre Familie stand auf und beschimpfte den jungen Mann. Maude war sechzehn Jahre alt, und sie war froh, nicht den alten Gillbu heiraten zu müssen, obwohl er ein sehr freundlicher und großzügiger Mann war. Maude tat nur so, als fühle sie sich durch diese Zurückweisung gedemütigt. Ihr gefiel das Leben so, wie es war. Sie hatte mehr Glück gehabt als die meisten anderen Mädchen ihres Alters. Als sie etwa zwölf Jahre alt war, hatte Mr.

Hawkins, der damalige Vorsteher des Postens, sie als erste Mardu überhaupt zum Hausmädchen ausbilden lassen. Sie war intelligent und lernte schnell, auch Englisch konnte sie bald sehr gut sprechen. Der Vorsteher wandte sich oft an sie, wenn er für die Neuankömmlinge aus den umliegenden Gebieten eine Übersetzerin brauchte. Sie erwies sich als eine zuverlässige Arbeitskraft. Oft besuchte sie ihre Eltern, wenn diese sich außerhalb Jigalongs aufhielten.

Ihr Vater, Willabi, und zwei ihrer Onkel arbeiteten in dem Wartungsteam für den Kaninchenzaun. Seit sie den Job bekommen hatten, waren drei verschiedene Inspektoren ihre Chefs gewesen; der neue war ein guter Vorgesetzter, und die Männer schätzten ihn sehr. Manchmal besuchte er sie in ihrem Camp und aß bei ihnen. Er mochte die Kängururagouts und das Buschbrot, das Maudes Mutter und Tanten zubereiteten. Auch die anderen Arbeiter schauten manchmal auf eine warme Mahlzeit vorbei, wenn sie in der Nähe zu tun hatten.

Eines Tages fiel Maudes Mutter auf, dass das leichte Baumwollkleid zu stramm um den Bauch ihrer Tochter saß. Zuerst dachte sie, das läge an dem guten Essen, aber bald wurde ihr klar, dass ihr einziges Kind selbst ein Kind erwartete. Eines Abends, als Willabi aus der Nähe des Lake Nubbera zum Camp zurückkehrte, vertraute sie ihm ihren Verdacht an.

Sie wollten wissen, wer der Kindsvater sei. Seit Maude von ihrem Verlobten versetzt worden war, hatte sie die meiste Zeit bei ihnen gewohnt. Willabi beschloss, seine Tochter nach dem Frühstück am nächsten Morgen direkt zu fragen, bevor er zur Arbeit ging. Erleichtert hörten sie, dass Maude nicht gegen Clangesetze verstoßen und einen jungen Mann aus einer unpassenden Sippe gewählt hatte. Der Kindsvater war niemand anderes als der Chef des Wartungsteams persönlich. Sein

Name war Thomas Craig, ein Engländer, der schon seit einigen Jahren als Inspektor am Kaninchenzaun arbeitete. Er hatte genug Geld angespart, um sich eine Farm in Lake Grace kaufen zu können, in der Region Dumbleyung.

Die Familie blieb in Bunda-Bunda, ihrem Lagerplatz südlich von Jigalong, außer wenn sie sich gelegentlich zum Posten begaben, um Essenrationen abzuholen, Neuigkeiten und den neuesten Tratsch zu erfahren. Der Sommer kam und ging, kalte Winde wehten erbarmungslos von den Salzseen her ins Camp. Große Lagerfeuer wurden entfacht, die Flammen züngelten in alle Richtungen, sodass Maude, ihre Mutter und zwei Tanten gezwungen waren, sich ein warmes Plätzchen außerhalb ihrer Reichweite zu suchen. Zuerst standen alle mit ausgestreckten Händen um das Feuer herum, dann drehten sie sich mit dem Rücken zum Feuer, um sich von hinten zu wärmen.

Wenn sich nur der bitterkalte Wüstenwind legen würde, seufzte Maude. Sie fühlte sich nicht wohl und glaubte, das läge an dem Emufleisch, das sie zu Abend gegessen hatte. Sie sagte ihrer Mutter, sie habe Bauchschmerzen, aber wenn sie zur Toilette ging, passierte nichts. Ihre Mutter und Tanten beobachteten sie aufmerksam.

«Das Baby, es kommt bald», sagte eine der Tanten leise. Die anderen nickten.

«Komm, mein Mädchen!», drängte ihre Mutter. «Wir schlagen ein Lager im Flussbett da drüben auf.» Sie zeigte auf eine Stelle hinter den Mulgabäumen. «Da gibt es genügend *worru* und weichen *bunna*. Dein Baby kommt bald», fügte sie sanft hinzu.

Maude fühlte sich immer elender, die schrecklichen Bauchschmerzen wurden schlimmer und zogen sich jetzt bis hinab ins Kreuz. Gehorsam folgte sie langsam den drei älteren Frauen über das ausgetrocknete Ufer des Savory Creek, wo in aller Eile ein *wuungku* errichtet und ein Feuer angezündet wurde.

«Leg dich auf die Decken da drüben, nicht zu nahe am Feuer», sagte ihre Mutter.

«Leg dich auf den Rücken», sagte ihre älteste Tante.

Zusammen zogen ihr beide Tanten das Kleid über den dicken Bauch und begannen, ihn zu massieren, während ihre Mutter nervös zuschaute. Maude schien es, als bearbeiteten sie ihren Bauch stundenlang. Dann schauten sie zu, wie die Gebärmutter flacher und der Kopf des Babys zwischen ihren Beinen sichtbar wurde.

«Es ist ein *wandi*, ein *muda-muda wandi*», sagten die Tanten der jungen Mutter.

«Sieh nur», rief ihre Tante Gauldi und hielt das Baby so, dass die Großmutter es sehen konnte. Anschließend rieben sie mit dem warmen, trockenen Sand den Körper des Neugeborenen ab, während die Großmutter ihrer traditionellen Aufgabe nachkam, böse Geister von dem Kind fern zu halten, die in der näheren Umgebung lauern mochten.

Sie begann laut zu rufen: «Seht euch bloß dieses Baby an! Es ist das hässlichste Kind, das ich je gesehen habe. So ein hässliches Mädchen! Ich weiß schon jetzt, dass es einmal ein schlechter Mensch wird.» Alle Beleidigungen, die ihr einfielen, schleuderte sie ihrer Enkelin entgegen, um sie davor zu bewahren, dass Geister, die die Geburt beobachtet hatten, ihr Schaden zufügten. Als das Ritual beendet war, stand sie auf.

«Du kannst jetzt schlafen. Alles ist gut», versicherte Tante Gauldi der Nichte.

Die Frauen blieben in dem Flussbett, bis die Männer von ihrer Arbeit am Kaninchenzaun zurückkehrten. Maudes Vater, ihr Onkel und die weißen Arbeiter wurden in einigen Tagen im Camp erwartet. Ihr Chef, der Vater des Kindes, sollte in der folgenden Woche nach Jigalong zurückkehren.

Solange bekam das Baby keinen Namen. Als er kam, nannte er es nach seiner Schwester Molly.

Als Molly fast sechs Wochen alt war, brachte Maude sie zu Mr. Keeling, dem Vorsteher des Postens. Das Mädchen wurde in ein Baumwolltuch gewickelt und schlief friedlich in den Armen der Mutter. Mr. Keeling sprach einige dem Anlass angemessene nette Worte und wünschte Mutter und Kind Gesundheit und Glück. Dann gab er Maude die ihr zustehende Ration, die auch ein paar Meter ungebleichter Baumwolle enthielt, damit Maude daraus Säuglingskleidung nähen konnte. Später notierte er in seinen Akten, er habe soeben das erste Halbblut gesehen, das in Jigalong geboren wurde.

Molly wurde ein hübsches Mädchen. Ihre Mutter war sehr stolz auf sie, und ihr Vater brachte ihr Kleider und bunte Bänder mit. Die anderen Familienmitglieder bekamen bunte Stoffe und Tabak. Diese Geschenke wurden unter der ganzen Familie und den anderen Mitgliedern der Gemeinschaft aufgeteilt und später stolz vor den Leuten des Regierungspostens zur Schau gestellt.

Als sie größer wurde, wünschte Molly oft, ihre Haut wäre nicht so blass, denn das bedeutete, dass sie immer allein spielen musste. Meist saß sie nur so für sich da und spielte in der staubigen roten Ebene oder im Flussbett, je nachdem, wo sich die Familie gerade aufhielt. Das staubbedeckte Kind unterschied sich deutlich von den dunkelhäutigeren. Die Mardu-Kinder überschütteten sie mit Beleidigungen und verletzten ihre Gefühle. Manchmal bekam sie zu hören, sie sei weder eine Mardu noch eine *wudgebulla* und gleiche einem Straßenköter ohne Stammbaum. Sie wehrte sich auf die einzige Art, die sie kannte: Sie griff sich eine Hand voll Sand oder Steine und warf sie auf die Quälgeister oder jagte sie mit einem Stock. Nach einiger Zeit gewöhnte sie sich an die Beleidigungen, und obwohl sie immer noch schmerzten, zeigte sie es nicht mehr. Eines Morgens, als Molly etwa vier Jahre alt war, hatte ihre Mutter eine aufregende Neuigkeit: Zwei ihrer Tanten hatten Kinder bekommen, beides Mädchen, und beide waren *muda-mudas* wie sie.

Mollys erste Frage war: «Wann kommen sie nach Jigalong?» Sie war sehr glücklich. Jetzt hatte sie zwei Schwestern.

Zuerst kam Daisy, die in Mad Donkey Well geboren worden war, südwestlich von Jigalong, in der Nähe der Mundi-windi-Farm. Dann folgte ihr Gracie, die auf der Walgun-Farm nordwestlich des Regierungspostens geboren worden war.

Sie wuchsen zusammen auf, und Molly und Gracie wurden unzertrennlich. Wenn andere Kinder sie hänselten, unterstützten sie sich gegenseitig. Sie trafen sich oft mit Daisy, als deren Familie in die Nähe der Murra-Munda-Farm zog, um dort zu arbeiten.

Mr. Keeling verfolgte voller Interesse, wie Molly und Gracie aufwuchsen. Eines Tages beobachtete er die Kinder beim Spielen und merkte, wie unfair sich die Mardu-Kinder ihnen gegenüber verhielten. Er schrieb ans Amt für Angelegenheiten der Aborigines nach Perth, dass es für die Mädchen besser sei, wenn man sie aus Jigalong entferne. In seinem Bericht führte er aus, dass die Mädchen «keine faire Chance bekommen, weil die Schwarzen die Halbblüter für minderwertig erachten».

Daraufhin begannen Politiker und Regierungsbeamte Tausende von Meilen südlich von Jigalong das Schicksal von Kindern wie Molly, Gracie und Daisy in ihre Hände zu nehmen.

Das Augenmerk der Regierungsoffiziellen verlagerte sich von der abnehmenden Zahl der Aborigine-Kinder auf die Halbblüter und Kinder mit geringeren Anteilen von Aborigine-Blut, die nun überall im Land geboren wurden. Man ging damals allgemein davon aus, dass Kinder aus Mischehen intelligenter waren als reine Aborigines und man sie deshalb separieren und zu Dienstboten und Arbeitern ausbilden sollte. Die Regierung verabschiedete Gesetze, die das Wohlergehen und verbesserte Bildungschancen dieser Kinder zum Ziel hatten. Molly, Gracie und Daisy hatten nicht die leiseste Ahnung, dass es derartige Pläne für sie und andere Kinder weißer Väter gab. Ihre Mütter zieh man mangelnder Sittlichkeit. Aber die wenigen Kritiker dieser Politik verwiesen darauf, dass die weißen Männer ihre sexuellen Lüste so lange mit den weiblichen Ureinwohnern befriedigten, bis sie sich wieder in der Gesellschaft von Weißen befanden.

Nach einiger Zeit beschloss die Regierung Westaustraliens, zwei Einrichtungen für Aborigine-Kinder mit weißen Vätern zu schaffen – die Siedlung Carralup im Südwesten, in der Nähe von Katanning, und die Eingeborenensiedlung Moore River, nördlich von Perth und 13 Kilometer westlich von Mogumber. Obwohl die Geburten der betroffenen Kinder nicht offiziell registriert wurden, wurden sie doch von den jeweils Verantwortlichen der verschiedenen Posten und Farmen in Tagebüchern und Journalen dokumentiert, sodass es für die Behörden nicht schwer war, diese Kinder ausfindig zu machen. Außerdem waren Umzüge zwischen den einzelnen Farmen und Siedlungen in der Region Pilbara seltener als heute, weil man sich damals meist noch zu Fuß fortbewegte. Das erleichterte den Regierungsbeamten die vollständige Erfassung von Familienverbänden.

Kontrolleure reisten im ganzen Land umher, entfernten die Halbblutkinder aus ihren Aborigine-Familien und transportierten sie Hunderte von Kilometern nach Süden. Die Mütter der betroffenen Kinder lebten in ständiger Furcht vor einem derartigen Kindsraub, gegen den sie hilflos waren. Deswegen zogen viele Frauen es vor, ihre Kinder im Busch zur Welt zu bringen, statt im Krankenhaus zu entbinden, wo sie fürchten mussten, dass ihnen die Kinder gleich nach der Geburt weggenommen würden.

Die Zeit verging, Jahreszeiten kamen und gingen. Abgesehen von einigen extremen Dürrejahren, in denen keinerlei Regenfälle in der Region verzeichnet wurden, passierte nichts Außergewöhnliches. Molly, Gracie und Daisy wurden nicht mehr gehänselt und beleidigt. Irgendwann akzeptierten die anderen Kinder ihre Andersartigkeit, und sie führten ein ganz normales Leben. Trotzdem unterschieden sich die drei vom Rest der Gemeinschaft im Posten Jigalong.

Egal wohin die drei auch gingen und was sie taten, irgendjemand beobachtete sie immer und machte Notizen über ihr Verhalten, wie etwa Mrs. Chellow von der Murra-Munda-Farm, die am 9. Dezember 1930 an den obersten Schutzbeauftragten für Angelegenheiten der Aborigines schrieb:

Murra Munda
9. Dezember 1930

Mr. Neville
Schutzbeauftragter für die Aborigines
PERTH

... Hier in Jigalong gibt es zwei Halbblutmädchen, Molly, 15 Jahre alt, und Crissy (oder Gracie), 11 Jahre alt. Ich finde, Sie sollten sich um die beiden kümmern, denn sie nehmen sich gegenüber den Weißen allerhand heraus.

Mrs. Chellow

Die Mädchen hatten das große Glück, in einer liebevollen und aufmerksamen Familie aufzuwachsen, die versuchte, alle erlittenen Beleidigungen und Verunglimpfungen wieder gutzumachen, indem sie sie verwöhnte und ihnen zu Hause jegliche Freiheiten gestattete. Ihr Großvater ging sogar so weit, sie auf Wanderungen in den Busch mitzunehmen, wo er Holzkohle zermahlte und sie mit dem feinen schwarzen Pulver einrieb, von der Stirn bis zu den Zehen. Dieses Pulver, versicherte er ihnen, würde all ihre Probleme lösen. Es würde ihre Haut dunkler färben und alles Gerede und die Hänseleien verhindern, und vor allem würde es sie davor schützen, dass man sie ihren Familien wegnahm.

Die Regenzeit im Juli des Jahres 1930 war besonders ergiebig. Für die Mardu-Völker überall in der Westlichen Wüste war es die Jahreszeit der großen Buschwanderungen. Sie sammelten Vorräte und bereiteten wahre Festmähler aus allem, was sie den Tag über erbeutet hatten. Alle Mardus lieben die Wärme, wenn sich der azurblaue Himmel noch blauer vom Grüngrau der Mulgabäume und dem Rot der staubigen Erde abhebt; unter dem Gebüsch und zwischen den sandigen Flächen um die Felsbrocken wächst dann frisches grünes Stachelkopfgras. Aber wie bei allem vom Winterregen Belebten ist seine Schönheit und Strahlkraft vergänglich. Es welkt und stirbt viel zu schnell.

Molly und Grace verbrachten ein sehr schönes Wochenende mit ihren Familien, gruben *kulgu yams* aus und pflückten die gelben Blüten der Wüsteneichen. Als sie nach Haus zurückkehrten, teilten sie alles mit den Daheimgebliebenen, die sich um die Alten und die Hunde gekümmert hatten. Sie weichten die Blüten in Wassereimern ein und machten einen süßen, erfrischenden Trunk daraus. Auch alles andere, was sie im Busch gefangen hatten, die *girdi girdi*, *murrandus* und Buschtruthähne, wurde mit der ganzen Gemeinschaft geteilt. Gleich nach dem Essen legten sich die Mädchen erschöpft zur Ruhe und schliefen sofort tief und fest ein.

Im Morgengrauen des nächsten Tages stand Mollys Stiefvater Galli auf und machte Feuer. Er kochte Tee, setzte sich unter einen großen Eukalyptusbaum und trank von dem Tee. Er schaute hinüber zu den Schlafenden, seinen zwei Frauen, und rief: «Auf jetzt, steht auf!» Die Frauen regten sich. Galli schnitt sich ein Stück gepresster Tabakkrümel ab und zerrieb es in der Hand, mischte die saubere weiße Asche der Mulgablätter darunter, steckte das Ganze in den Mund und begann das *gulja* zu kauen, wobei er den Saft ab und an ausspuckte. Früher hatten die Menschen Blätter des Wilden oder Busch-Tabaks gesammelt, der auf den Klippen oder an Felskanten wuchs, um sie zu kauen.

Die Mardu mochten den Tabak des weißen Mannes lieber, gerupften Tabak, der leicht zu beschaffen und stärker war und überdies länger vorhielt. Sie kauten ihn und spuckten den Saft aus, so wie andere Völker Betelblätter kauen.

Maude war Gallis zweite Frau. Zusammen mit seiner anderen Frau gehörte sie innerhalb des Clansystems zur selben Gruppe. Beide waren Garimaras, die passende Clangruppe für Galli. Gemeinsam bereiteten sie das Frühstück für die ganze Familie vor. Es gab drei große Buschbrote, die in der heißen Asche gebacken wurden, und die *girdi girdi*, die noch von der Jagd übrig waren. Alle fanden, dass der letzte Tag sehr erfolgreich und schön gewesen sei.

Nach dem Frühstück wollten Molly und Daisy ihre schmutzige Wäsche in der Wasserstelle weiter unten am Fluss waschen. Als sie zurückkamen, sahen sie sauber und erfrischt aus. Sie setzten sich zu den anderen Familienmitgliedern in den Schatten zum Mittagessen; es gab Corned Beef aus Dosen, Brot und Tee. Das Mahl war gerade beendet, als die Hunde im Camp zu bellen begannen und einen fürchterlichen Lärm machten.

«Seid still!», riefen ihre Besitzer und warfen mit Steinen nach ihnen. Die Hunde jaulten und trollten sich.

Dann wandten sich aller Blicke auf den Grund für die Unruhe. Ein großer, ungepflegter weißer Mann stand am Ufer vor ihnen. Mit seiner wettergegerbten Haut hätte man ihn leicht für einen Viehzüchter oder -hüter halten können, aber er trug Khakikleidung und musste folglich ein Regierungsbeamter sein.

Angst und Beklemmung erfasste die Menschen, als ihnen klar wurde, dass der Tag gekommen war, den sie so gefürchtet hatten. Sie hatten immer gewusst, dass es nur eine Frage der Zeit war, bis ihnen die Behörden auf die Spur kommen würden. Als Constable Riggs, der Schutzbeauftragte für die Aborigines, zu sprechen begann, klang seine Stimme befehlsgewohnt und entschlossen. Sie wussten sofort, dass er derjenige war, der ihnen die Kinder bei helllichtem Tage wegnehmen würde – anders als die bösen Geister, die sich bei Nacht in die Camps einschlichen.

«Ich bin gekommen, um Molly, Gracie und Daisy abzuholen, die drei Halbblutmädchen. Sie sollen in der Eingeborenensiedlung Moore River zur Schule gehen», informierte er die Familie.

Der alte Mann nickte, um zu zeigen, dass er verstand, was Riggs sagte. Die anderen Familienmitglieder ließen die Köpfe hängen und weigerten sich, den Mann auch nur anzusehen, der ihnen die Mädchen wegnehmen wollte. Stumm saßen sie da, Tränen stiegen ihnen in die Augen und liefen über ihre Wangen.

«Kommt schon, Mädchen», befahl Riggs. «Ihr braucht nichts mitzunehmen. Alles, was ihr braucht, holen wir später ab.»

Als die beiden Mädchen aufstanden, bemerkte er das Fehlen des dritten. «Wo ist die andere, Daisy?», fragte er sofort.

«Sie ist bei ihren Eltern auf der Murra-Munda-Farm», sagte der alte Mann.

«Sie ist nicht in Murra Munda und auch nicht bei der Goldmine Jimbalbar. Da war ich schon, bevor ich hierher kam», sagte der Constable. «Beeilt euch! Wir haben einen langen Weg vor uns. Ihr Mädchen könnt das Pferd nehmen, bis wir zum Posten Jigalong kommen», sagte er und gab Molly die Zügel in die Hand. Riggs war sehr verärgert darüber, dass er so weit hatte reisen müssen, um die Mädchen zu finden.

Molly und Gracie saßen schweigend auf dem Pferd, und Tränen rannen ihnen über die Wangen, als Constable Riggs den hoch gewachsenen Hengst herumdrehte und sie zurück zum Regierungsposten führte, woher er gekommen war. Dann brach lautes Gejammer aus. Die Schreie der verzweifelten Mütter und Frauen und das tiefe Schluchzen der Großväter, Onkel und Cousins durchdrangen die Stille. Molly und Gracie schauten sich noch einmal um, ehe sie hinter den Eukalyptusbäumen am Ufer verschwanden. Die Zurückgebliebenen im Camp sammelten harte, spitze Gegenstände auf und schnitten und schlugen sich damit, fügten sich Verletzungen an Kopf und Körper zu, um ihrer Trauer Ausdruck zu verleihen.

Die beiden verängstigten und verstörten Mädchen weinten, zuerst still und leise, dann immer unkontrollierter. Ihr Gemütszustand verschlimmerte sich noch durch das laute Wehklagen ihrer Verwandten und die Vorstellung, wie sie an ihrem Lager saßen und sich ihre Tränen mit dem Blut aus den Kopfwunden mischten. Ihre Reaktion auf die Entführung der Kinder zeigte, dass sie wie um Gestorbene nach den alten Riten um sie trauerten. Sie trauerten um die entführten Kinder, und sie würden erst dann Erleichterung verspüren, wenn ihre Tränen versiegten, aber das sollte noch lange dauern.

Am Regierungsposten angekommen, rutschten Molly und Gracie vom Pferd und folgten Constable Riggs in den Wagen.

Der Vorsteher, Mr. Hungerford, hielt sie an und sprach mit Riggs.

«Wo Sie gerade hier sind ... Wir haben hier eine Eingeborene mit gebrochenem Bein, im Camp, unten am Flussufer. Können Sie sich die mal ansehen, Constable?»

«Ja, ich fahre mal hin», sagte Riggs.

«Ich komme mit», sagte Hungerford. «Wir leihen uns Pferd und Sulky von Tommy, einem Aborigine-Jungen», fügte er hinzu. «Ich entschädige ihn dafür später mit einer Extra-ration.»

Nachdem Riggs das Bein der Frau geschient hatte, sagte er zu Hungerford, dass er die Frau mitnehmen und ins Marble Bar Hospital bringen müsse. «Legt sie vorsichtig auf den Sulky», bat er die beiden Brüder der Frau, die dabeistanden und zuschauten.

Hungerford setzte sich neben Constable Riggs und sagte: «Übrigens, diese andere Frau, Nellie, ist von der Watchtower-Farm zurückgekehrt, als Sie Molly und Gracie abgeholt haben. Sie wissen ja, dass sie Syphilis hat. Sie muss auch ins Krankenhaus gebracht werden.»

«Okay», sagte Riggs. «Ich will aber erst mit Frank Matthews über sie sprechen und ihn daran erinnern, dass er als Verwalter der Farm nicht das Recht hat, die Eingeborenen hier zu untersuchen oder zu behandeln. Das muss er uns überlassen. Wir sind die Schutzbeauftragten für die Aborigines in diesem Distrikt.»

Damit nahm Constable Riggs Bezug auf Abschnitt 106m des Gesetzes über den Schutz der Aborigines:

Wann immer ein Eingeborener krank wird, sich unwohl fühlt oder einen Unfall hat und diese Krankheit, das Un-

wohlsein oder der Unfall nach Einschätzung seines Arbeit-
gebers ärztlicher Behandlung oder einer Versorgung durch
ein Krankenhaus bedarf und nicht ausreichend oder ange-
messen am Arbeitsplatz behandelt werden kann, soll der
Arbeitgeber den betreffenden Eingeborenen innerhalb einer
angemessenen Frist zum nächstgelegenen oder am besten zu
erreichenden Krankenhaus oder Schutzbeauftragten brin-
gen; der Schutzbeauftragte soll ihn sodann zum nächstgele-
genen oder am besten zu erreichenden Krankenhaus brin-
gen, je nach dem Dafürhalten des Schutzbeauftragten.

Die Frau mit dem gebrochenen Bein, Mimi-Ali, wurde vom Sulky und zu Molly und Gracie in den Wagen des Constable getragen.

«Tommy!», rief Riggs. «Du fährst mit dem Sulky zur Walgun-Farm und wartest dort auf mich», befahl er.

«Molly und Gracie, ihr beide setzt euch nach vorne zu mir, und du, Nellie, sitzt hinten neben Mimi-Ali», sagte Riggs, als er den Motor startete.

Eine halbe Stunde später begrüßte Matthews ihn. «Dieses Mal haben Sie ja eine volle Fuhre, Constable Riggs», sagte er, als der Beamte ausstieg.

«Ja, ich weiß. Ich kann's leider nicht ändern. Ich muss zwei kranke Eingeborenenfrauen transportieren. Dabei fällt mir ein, dass ich mit Ihnen noch etwas zu besprechen habe.»

Der Constable klärte den Verwalter über die Rechte und Pflichten der Schutzbeauftragten für die Aborigines im Distrikt Nullagine auf und warnte Matthews davor, diese Rechte und Pflichten für sich zu beanspruchen.

«Jetzt muss ich los», sagte Constable Riggs. «Ich muss Daisy suchen. Wenn ich das nächste Mal hier in der Gegend auf Patrouille bin, schaue ich wieder vorbei.»

Der Schutzbeauftragte fuhr zur Walgun-Farm und wurde

von den Cartwrights, dem Verwalterehepaar der Farm, begrüßt.

Don Cartwright schüttelte dem Besucher die Hand.

«Kommen Sie auf eine Tasse Tee zu uns herein», sagte seine Frau freundlich und zeigte auf die Tür.

«Danke, jetzt nicht. Ich muss das Halbblut Daisy finden», sagte Riggs. «Sie muss sich irgendwo zwischen hier und der Murra-Munda-Farm aufhalten, in der Nähe der Wasserstelle. Die anderen beiden, Molly und Gracie, sitzen schon in meinem Wagen, zusammen mit Mimi-Ali aus Jigalong und Nellie, der Köchin der Watchtower-Farm. Die beiden Frauen brauchen ärztliche Hilfe.»

«Aber wohin bringen Sie die Halbblutmädchen?», fragte Mrs. Cartwright.

«Nach Süden in die Eingeborenensiedlung Moore River. Wir sind davon überzeugt, dass sie da einen besseren Start ins Leben bekommen als in ihrem Heimatcamp», sagte Riggs mit sichtlicher Genugtuung. «Zuerst setze ich die Frauen im Camp der hiesigen Arbeiter ab. Molly und Gracie nehme ich lieber mit. Ich will nicht, dass sie zwischendurch weglaufen.»

Langsam fuhr Constable Riggs zum Eingeborenencamp. Tommy folgte ihm mit dem Sulky. Bald schon durchfuhren sie die Ebene mit dem Stachelkopfgras und den Mulgabäumen auf der Suche nach Daisy, die im Camp ihrer Familie war. Sie aufzuspüren hatte sich als schwieriger erwiesen, als der Constable vermutet hatte. Er hatte bereits die Gegenden um Jimbalbar und Murra Munda auf einer Strecke von 60 Kilometern per Pferd nach ihr abgesucht und durchstreifte nun weitere 30 Kilometer in der trockenen, rauen Landschaft zwischen Murra Munda und Walgun, bis er sie endlich fand. Die Suche hatte ihn so ermüdet, dass er sich entschloss, auf der Walgun-Farm zu übernachten. Seine

Drei Mädchen allein in der menschenfeindlichen Wüste
Australiens

Molly (Everlyn Sampi)

Gracie (Laura Monaghan)

Daisy (Tianna Sansbury)

Mollys Großmutter (Myran Lawford) und ihre Mutter (Ningali Lawford) bringen den Mädchen die traditionelle Lebensweise der Mardujara-Aborigines bei.

Dass man «Mischlingskinder» dem Einfluss ihrer Mütter entziehen müsse, davon ist der oberste Schutzbeauftragte für die Aborigines, A. O. Neville (Kenneth Branagh), fest überzeugt.

Constable Riggs (Jason Clarke) wird mit der Aufgabe betraut, die drei Mädchen aus Jigalong zu verschleppen.

Mr. Neville begibt sich persönlich in das Camp von Moore River, um die Kinder in Augenschein zu nehmen.

Auch Molly muss den prüfenden Blick des Schutzbeauftragten über sich ergehen lassen.

Keinem Kind ist bisher die Flucht aus Moore River gelungen. Aber Molly ist fest entschlossen, mit ihren Schwestern nach Hause zurückzukehren.

Der Aborigine-Scout Moodoo (David Gulpilil) ist ein erfahrener Fährtenleser.

Zusammengeduckt hoffen die drei Mädchen, ihrem Verfolger zu entgehen,

Als die erschöpfte Daisy nicht mehr laufen kann, trägt Molly sie auf ihrem Rücken weiter.

Tag und Nacht sind die Mädchen unterwegs, bis sie schließlich, am Ende ihrer einzigartigen Flucht, wieder zu Hause ankommen.

Dieses Buch erzählt ihre Geschichte: Molly Craig und Daisy Craig Kadibil heute.

Passagiere blieben solange im Camp bei Gracies Mutter Lilly, ihrer Großmutter Frinda und einigen anderen Verwandten.

In der Nacht zum 16. Juli, etwa um halb vier, bemerkte der Constable, dass Regen aufzog. Die Straßen waren ohnehin in einem sehr schlechten Zustand, und nass waren sie noch schlechter befahrbar, also beschloss er, gleich aufzubrechen.

«Ich will mit diesen Eingeborenen im Wagen unterwegs nicht liegen bleiben», erklärte Riggs den Cartwrights.

«Das ist verständlich», sagte Mrs. Cartwright. «Wir sehen uns, wenn Sie das nächste Mal im Distrikt sind. Gute Fahrt!»

«Danke. Ich beeile mich jetzt lieber», sagte der Constable. «Die Frauen sind sicher schon mit dem Frühstück fertig. Ich hole sie jetzt ab. Vielen Dank für die Gastfreundschaft.»

Gracies Mutter, die alte Großmutter Frinda und die anderen Verwandten im Camp begannen laut zu jammern und zu weinen.

«*Worrah, worrah!* Er holt sie ab, meine Enkelinnen», wimmerte die alte Frau und bückte sich mühevoll nach einer Blechkanne, um sie sich auf den Kopf zu schlagen. Sie und die anderen Frauen jammerten nun lauter, denn das Herz war ihnen schwer wegen der Abreise der Mädchen und der Ungewissheit, ob sie sie jemals wiedersehen würden. Auch die Mädchen weinten. Das Heulen wurde lauter, als der Wagen auf das Tor zufuhr. Es war sehr schmerzhaft für die Mädchen, aus den Armen ihrer Mütter und Großmütter gerissen zu werden.

Als das Auto die Straße hinunterfuhr, lag Großmutter Frinda zusammengekrümmt im roten Staub, rief die Namen ihrer Enkelinnen und verfluchte alle, die für ihre Entführung verantwortlich waren. Die trauernden Frauen fragten laut, warum man ihnen die Kinder wegnahm. Der Wind trug ihre gequälten Schreie über die Ebene. Aber niemand konnte sie hören. Noch Stunden nachdem die Mädchen abtranspor- tiert worden waren, saß Gracies Mutter wütend und ver- zweifelt auf dem Boden und wiegte sich hin und her. Maude und ihr Schwager waren in einem Pferdewagen herüberge- kommen, um die schlimmen Neuigkeiten zu besprechen, und blieben noch eine Zeit lang da, um ihr Beistand zu leis- ten. Etwas später hatte sie sich so weit beruhigt, dass sie Alf Fields beschimpfen konnte, Gracies weißen Vater, der schweigend an dem metallenen Wassertank stand. Sie be- schimpfte ihn auf Aborigine-Englisch und Mardu *wangka* und schlug mit ihren kleinen Fäusten auf seine Brust ein.

«Warum hast du das zugelassen?», schrie sie verzweifelt.

«Ich konnte nicht verhindern, dass sie mir meine Tochter nahmen – ja, sie ist auch meine Tochter», sagte er traurig. Er war sehr stolz auf das schöne schwarzhaarige Mädchen, das er nach seinem Idol benannt hatte, der englischen Sängerin Gracie Fields. Er versuchte, Gracies Mutter zu erklären, dass der Schutzbeauftragte ein Mitglied der Regierung und ein Repräsentant der Krone war. Hätte er versucht, den Mann aufzuhalten, wäre er verhaftet und wegen Widerstandes ge- gen die Staatsgewalt angeklagt worden. Doch Gracies Mut- ter hörte nicht zu.

«Du bist auch ein weißer Mann, dir werden sie zuhören. Geh und sprich mit ihnen!», flehte sie ihn an.

«Es tut mir Leid, aber ich kann nichts dagegen tun, dass sie uns die Tochter wegnehmen», sagte er bestimmt.

Aber Gracies Mutter konnte diese Entschuldigung nicht akzeptieren, genauso wenig, wie sie ihm verzeihen konnte, dass er untätig zugesehen hatte, wie ihnen die Tochter weg- genommen worden war. Sie packte ihre Sachen zusammen und ging zurück nach Wiluna.

6. Die Reise nach Süden

Die drei Mädchen waren es nicht gewohnt, vor Sonnenaufgang aufzustehen. So schliefen sie im Wagen gleich wieder ein. Als sie wieder aufwachten, merkten sie, dass sie länger als erwartet geschlafen hatten. Sie hatten Ethel Creek und die Roy-Hill-Farm schon hinter sich gelassen und befanden sich auf der Straße nach Nullagine, die nicht viel mehr als eine unbefestigte Piste voller Schlaglöcher war. Feiner roter Staub wirbelte im Wageninneren umher.

Sie waren so erschöpft, dass sie nicht mehr weinen konnten, und unterhielten sich nur noch flüsternd oder in Zeichensprache.

Außer einem gelegentlichen «Alles in Ordnung dahinten?» sprach der Constable nicht mit ihnen und sagte ihnen auch nicht, wohin er sie brachte. Sie wussten nur, dass sie zur Eingeborenensiedlung gebracht wurden und dort zur Schule gehen sollten.

Regenwolken zogen auf, und als sie eine Kurve erreichten, an der große graue Felsen zu beiden Seiten der Straße aufragten, war der Himmel schwarz. Riggs schaute in die Höhe, während die anderen schweigend dasaßen und beobachteten, wie sich die Landschaft veränderte. Sie achteten weder auf ihre Schönheit noch auf die langen Schatten der großen Eukalyptusbäume am Flussufer. Aber sie wurden neugierig, wenn sie Tiere sahen, Kängurus, Emus, Pferde und Dromedare. Sonst saßen sie ganz still. Nur hin und wieder stieß eine die andere an, um sie auf etwas Vorbeiziehendes aufmerksam zu machen.

In seiner Funktion als Schutzbeauftragter der Aborigines war Constable Riggs jetzt eine ganze Woche lang unterwegs gewesen, und als er Marble Bar erreichte, hatte er seinen Zuständigkeitsbereich praktisch einmal umrundet. Bei den Farmen, an denen sie vorbeikamen, hielt er kurz an, sonst fuhren sie die ganze Zeit. Um zwei Uhr kamen sie beim Krankenhaus von Marble Bar an, und Riggs wies die kranken Frauen ein, dann übergab er Molly, Gracie und Daisy an Constable Melrose, der für ihre Reise nach Süden zuständig war.

Um fünf Uhr nachmittags kehrte Constable Riggs nach Nullagine zurück. Erleichtert und zufrieden mit sich selbst benachrichtigte er den Obersten Schutzbeauftragten für die Aborigines in Perth per Telegramm: «Alle Halbblutkinder und erkrankten Eingeborenen nach Bar gebracht. Werden morgen auf Bahn gesetzt. Vollständiger Report frühestmöglich. Riggs, Const.» Das Telegramm trägt das Datum vom 21. Juli 1931.

Am späten Nachmittag traf die kleine Gruppe auf der Polizeiwache von Marble Bar ein. Gleich nach ihrer Ankunft gab Constable Melrose Molly, Gracie und Daisy in die Obhut seiner Frau, da er selbst ein nahes Aborigine-Camp besuchen musste, um ein krankes Mädchen ins Krankenhaus zu bringen.

«Gib ihnen bald Abendbrot. Ich sperre sie jetzt in die leeren Zellen», sagte er zu seiner Frau. «Ich wünsche, dass heute Nacht Ruhe herrscht.»

Während Mimi-Ali und Nellie im Krankenhaus lagen, blieben Molly, Gracie und Daisy auf der Polizeiwache. Nellie musste noch länger im Krankenhaus bleiben, während die anderen in Begleitung von Constable Pollett den Zug nach Port Hedland nahmen. Zugfahren war viel angenehmer, als im Auto zu sitzen, aber Molly, Gracie und Daisy wurden des Reisens bald müde. Die Mädchen wussten, dass sie die raue Landschaft der Ost-Pilbara hinter sich gelassen hatten, als sie den blaugrünen Ozean sahen. Die Schönheit des Meeres bezauberte sie, aber sie wussten nicht, was sie dort sollten, bis sie zum Pier gebracht wurden und einem Offizier der staatlichen Schifffahrtslinie übergeben wurden. Die *Koolinda* lag im Hafen und wartete auf die Flut. Nachdem Constable Pollett dem Kapitän alle Dokumente ausgehändigt hatte, wandte er sich an die verängstigten Mädchen und sagte ihnen, dass der Kapitän sie nach Fremantle bringen würde.

Captain Freeman rief die Stewardess Gwen Campbell zu sich. «Hier sind wieder vier: Molly, Daisy und Gracie, und die Frau mit dem gebrochenen Bein heißt Mimi-Ali. Bringen Sie sie runter in ihre Kabinen», sagte er.

Gwen Campbell bat die Mädchen, ihr zum Unterdeck zu folgen, während andere Besatzungsmitglieder Mimi-Ali auf einer Trage hinunterbrachten. So fuhren Molly, Daisy, Gracie und Mimi-Ali am 26. Juli 1931 nach Fremantle im Süden des Landes. Ein Telegramm an den Obersten Schutzbeauftragten für die Aborigines in Perth eilte ihnen voraus: «Halbblutmädchen Daisy, Molly und Gracie und verletzte Ballerallie (Mimi-Ali) aus Marble Bar mit Koolinda geschickt gestern Abend in Obhut Stewardess – Stopp – bitte Treffen arrangieren mit Krankentrage für Ballerallie. Pollett, Constable.»

Das Schiff tuckerte aufs offene blaue Meer hinaus, und die drei Mädchen klammerten sich ganz aufgelöst vor Angst an ihren Kojen fest. Mit jeder Schiffsbewegung rollten sie mal auf die eine, mal auf die andere Seite, bis sie sich an das Stampfen und Rattern der Maschinen gewöhnt hatten. Schließlich streckten sie sich in ihren Kojen aus und schliefen ein.

Am nächsten Morgen gelang es Gwen Campbell nach dem Frühstück, sie aufs Deck zu locken. «Kommt raus und seht euch die großen Fische an», sagte sie und winkte sie zu sich her. «Vielleicht können wir heute Nachmittag eine Angel auswerfen und welche fürs Abendbrot fangen.»

Sie standen an der Reling und beobachteten Mulloways, Snapper, Königsfische und viele andere Fischarten, die sich im Meer unter ihnen tummelten.

Gwen Campbell war sehr freundlich zu den Mädchen und versuchte, ihr Vertrauen zu gewinnen, aber sie blieben auch nach Tagen noch schüchtern und verängstigt. George Johnson, ein anderes Besatzungsmitglied, erzählte ihnen von all den aufregenden und faszinierenden Orten, die er schon besucht hatte. Er sprach von den Pyramiden in Ägypten und dass diese ungewöhnlichen Grabstätten von Sklaven gebaut worden waren.

«Sklaven?», hätten sie am liebsten gefragt. «Sind das Leute wie wir oder wie du?» Aber sie waren zu schüchtern.

George erzählte ihnen von den vielen Menschenrassen, die es auf der Welt gab. Die Mädchen hörten gerne zu, wenn er von den Ländern erzählte, die er schon bereist hatte oder die er gerne noch bereisen wollte. Manchmal, wenn das Wetter schön war, ermutigten er und Gwen die drei, einen Abendspaziergang an Deck zu machen. Sie seien tüchtige Seeleute, sagte George. Bei ihren Abendspaziergängen brachte er ihnen die englischen Bezeichnungen der Sterne bei. Wenn die See ruhig war, schaute er sich mit ihnen den Nachthimmel an.

«Seht mal! Das ist das Kreuz des Südens», sagte er beispielsweise. «Wenn ihr euch einmal im Busch verirrt, könnt ihr euch daran orientieren. Haltet bei klarem Himmel danach Ausschau. Merkt euch: Das Kreuz des Südens findet man am südwestlichen Himmel. Und da ist der Große Wagen», sagte er und zeigte hinauf zu den abertausend funkelnden Sternen.

Die Mädchen sahen das Sternbild, sagten aber nichts; sie nickten nur schweigend.

«So, nun ist es Zeit für euch, ins Bett zu gehen. In ein paar Tagen legen wir in Fremantle an», sagte Gwen, als sie sie zu ihrer Kabine zurückbegleitete. «Gute Nacht», sagte sie, «wir sehen uns morgen wieder.» Dann schloss sie die Tür.

Am nächsten Morgen hatte George Frühschicht und die Mädchen sahen nichts von ihm. Stattdessen kümmerte sich Raymond Baxter um sie. «Gwen ist mit anderen Passagieren beschäftigt. Sie kommt später zu euch runter», erklärte er ihnen.

Raymond war ein schlaksiger Matrose mit rotem Haar und Sommersprossen, die sein ganzes Gesicht bedeckten. Seine hellen blauen Augen blitzten, wenn er mit den anderen Matrosen lachte und scherzte. Er war jünger als sein Freund George, aber die Mädchen mochten ihn genauso gern. Sie lehnten an der Reling, als Raymond ganz aufgeregt rief: «Schaut mal dort! Tümmler!» Tümmler, dachten die Mädchen aus der Westlichen Wüste, was ist das denn? Als könne er ihre Gedanken lesen, erklärte ihnen der rothaarige Matrose: «Es sind kleine Delphine. Sie sind in allen Weltmeeren zu Hause.»

Staunend beobachteten die Mädchen, wie die sechs graziösen Säugetiere in die Luft sprangen und dann mit der Nase voran wieder in das türkisfarbene Meer eintauchten.

Die Tümmler sprangen immer zu zweit in die Luft, als folgten sie einer geheimnisvollen Choreographie. Die Mädchen waren fasziniert. Während sich das Schiff in dem starken Wellengang hob und senkte, beobachteten sie die wunderbaren Kreaturen, bis diese nicht mehr zu sehen waren.

«Sieht aus, als ob wir bald Regen kriegen», sagte Raymond und beendete damit das ehrfürchtige Schweigen. «Da drüben im Westen türmen sich schon die Wolken.» Er hatte den Satz kaum beendet, als es zu donnern und zu blitzen begann.

«Ja, heute Nacht wird es regnen. Geht lieber wieder in eure Kabine zurück. Kommt schon!»

Sie setzten sich in die warme Kabine und betrachteten die Comic-Hefte, die der Matrose ihnen gegeben hatte. Obwohl keines der Mädchen lesen konnte, sahen sie sich die hübschen Illustrationen an und versuchten zu verstehen, was die Bilder bedeuten sollten. Die See war jetzt sehr rau, und die Mädchen bekamen Angst. Was, wenn das Schiff kenterte? Vielleicht würden sie ertrinken. Aber die Stewardess Gwen versicherte ihnen mit Raymonds Unterstützung, dass die *Koolinda* ein großes, sicheres Schiff sei und ganz gewiss nicht sinken werde.

«Schlaft jetzt. Morgen wird es nicht mehr so schlimm sein. Bis dahin wird sich der Sturm gelegt haben», sagte Gwen.

Für die drei Mädchen und Mimi-Ali, die alle aus der rauen Pilbara stammten, war der Segeltörn entlang der Westküste Australiens ein beeindruckendes Erlebnis. Von Port Hedland bis Geraldton schien die Sonne und es war warm, aber je weiter sie nach Süden kamen, desto kälter und regnerischer wurde es. Der Wind war kalt und stürmisch, und wenn es regnete, konnten die Mädchen nicht an Deck spazieren gehen. Sogar das schöne Blaugrün des Meeres verschwand, als sie sich den Riffen vor Fremantle näherten. Es wurde dunkelgrün, und der trübe, graue Himmel spiegelte sich in der aufgewühlten Wasseroberfläche. Als sie sich jedoch dem Hafen näherten, schlug das Wetter um, die Wolken rissen auf, und dazwischen war blauer Himmel zu sehen.

Zum Frühstück gab es Rührei, Toast und süßen heißen

Tee; dann führte George Johnson die vier zum letzten Mal auf das regennasse Deck.

«Wir sind fast da. Seht mal, da vorne», sagte er und zeigte auf die Küste. «Das ist Fremantle.»

Der Matrose lehnte an der Reling und zog an seiner Pfeife. Das Schiff segelte immer näher aufs Festland zu, und er nahm die Pfeife aus dem Mund, um zu erklären, wie es weitergehen würde. «Seht ihr den Schlepper da? Er hat einen Lotsen an Bord, der zu uns aufs Schiff kommen und uns in den Hafen führen wird.»

Die Mädchen beobachteten interessiert und neugierig, wie der Schlepper längsseits der *Koolinda* anlegte und der Lotse von dem kleinen Schiff auf den großen Segler umstieg, um ihn in der Fahrrinne durch die Riffe zu lotsen.

«Er kennt dieses Gewässer wie seine Westentasche, und er führt uns sicher in den Hafen», sagte George.

«Ah, da sind ja schon die Weizensilos. Und seht ihr das andere Gebäude, nördlich der Silos, das mit dem Dingo auf dem Turm?», fragte er. «Da kommt das Mehl her. Dort wird der Weizen gemahlen, der in den Silos lagert und dann in Säcke verpackt und überall ins ganze Land verschickt wird.»

Als der rote Dingo besser zu sehen war, bekamen Molly, Gracie und Daisy Heimweh. Wie viele Säcke Mehl mit diesem roten Dingo – einem *midgi-midgi dgundu* – hatten ihre Mütter, Großmütter und Tanten bei den Zuteilungen von Lebensmittelrationen erhalten? Es mussten Hunderte gewesen sein, wenn sie an die vielen Brote dachten, die daraus gebacken worden waren. Wenn die Säcke leer waren, hatten die Frauen sie als Tragetaschen für andere Lebensmittel und alles Mögliche andere weiterverwendet oder sie mit alten Lumpen ausgestopft und als Kissen benutzt. Sogar zu Unterhosen und Unterröcken waren sie zurechtgeschnitten wor-

den. Ja, die Mädchen waren mit diesem roten Dingo aufge-
wachsen. Tränen stiegen ihnen in die Augen, als sie an ihre
Familien denken mussten.

Gwen Campbells sanfte Stimme holte sie in die Realität
zurück. «Kommt, Mädchen, packt eure Sachen! Ich bringe
euch an Land. Ach, übrigens, das hier werdet ihr brauchen»,
sagte sie und gab jeder einen mit feiner Wolle gefütterten Re-
genmantel, den sie gleich anziehen sollten, einen Kamm und
einen Spiegel. Die Mädchen steckten die Sachen in ihre
Baumwollbeutel.

Fünf Tage waren sie entlang der Westküste Australiens
nach Fremantle gefahren.

Zehn Minuten später folgten die Mädchen der freundli-
chen Stewardess ohne zu zögern die Gangway hinunter. Sie
waren froh, als sie wieder festen Boden unter den Füßen hatten, aber auf die Anblicke und die Geräusche, die sie dann
erwarteten, waren sie in keiner Weise vorbereitet. Die geschäftige Atmosphäre des bedeutendsten Hafens der australischen Westküste war überwältigend und beängstigend. Sie
drängten sich Schutz suchend an die Stewardess. Männer
hasteten schreiend umher, andere überwachten das Entladen
der Fracht, die über gigantische Seilzüge auf die Kaianlagen
niedergelassen wurde. Wollballen und Paletten voller Mol-
kereiprodukte wurden zu Hunderten abgeladen, um später
auf andere Schiffe verladen zu werden, die sie nach Übersee
transportierten. Noch nie hatten die Mädchen so viele Weiße auf einmal gesehen. Sie freuten sich, als Gwen sagte:
«Seht mal, da ist jemand, der euch erwartet.»

Mutter Campbell vom Mädchenheim Ost-Perth stand
schon neben dem Krankenwagen, zu dem Mimi-Ali getragen wurde. Gwen Campbell begrüßte die Erzieherin, die zu-
fälligerweise denselben Nachnamen trug, herzlich. «Dieses
Mal bringe ich gleich vier mit», sagte sie. Die Besatzung die-

ses Schiffes hatte in den vergangenen zwölf Monaten schon oft Aufträge dieser Art erledigt.

Mutter Campbell war schon vom Amt für Angelegenheiten der Aborigines informiert worden, dass ihr die Mädchen aus Nullagine überstellt würden. Gwen Campbell übergab ihr die verschüchterten Mädchen und ging aufs Schiff zurück, um sich ihren anderen Aufgaben zu widmen. Mutter Campbell brachte sie alle zu dem Krankenwagen, der Mimi-Ali zum Royal Perth Hospital bringen sollte. Die drei Mädchen stiegen hinten ein, setzten sich auf die Krankentragen und warteten.

Die Fahrt von Fremantle nach Perth war unbeschwerlich und interessant. Von dem Moment an, als sie vom Kai losfuhren, waren sie keine schüchternen, verwirrten Mädchen mehr, sondern neugierige junge Touristinnen, die sich für alles interessierten, was sie sahen, denn hier war alles anders und neu für sie.

Von ihrem erhöhten Sitz hinten im Krankenwagen konnten sie den aufgewühlten, schmutzig braunen Swan River sehen. Als sie dann durch die Mounts Bay Road und den Riverside Drive auf die hell erleuchtete, quirlige Stadt zufuhren, sahen die Mädchen Hunderte von Männern in braunen, grauen oder dunkelblauen Anzügen, und alle trugen Hüte oder Mützen. Nur wenige Frauen waren zu sehen, und selbst die befanden sich in der Begleitung von Männern.

In dem guten Jahrhundert seit der Gründung Westaustraliens hatte Perth sich zu einer lebhaften Metropole entwickelt. Überall standen Industrie- und Geschäftsgebäude, zwei- oder gar dreigeschossige Warenhäuser und Büros. Die Mädchen sahen staunend an den Gebäuden hoch, als etwas geräuschvoll an ihnen vorbeifuhr. Sie hatten es nicht kommen gehört und sprangen erschrocken zur Seite.

«Das ist eine Straßenbahn. Wenn man damit fahren will,

muss man sich erst einen Fahrschein kaufen», erklärte Mutter Campbell, ganz irritiert von dem erschrockenen Gesichtsausdruck ihrer Schützlinge.

Viele Autos und Lastwagen fuhren durch die Straßen der großen Stadt, zu viele für die Mädchen. Ihnen war klar, wie leicht sie sich in dieser künstlichen Umgebung verirren konnten, in der es sehr wenig Bäume und nur kleine Grünflächen mit Gebüsch gab. Die Stadt erschien ihnen als ein lärmender, unfreundlicher Ort, der ihnen überhaupt nicht gefiel, und sie waren froh, als sie endlich in dem Mädchenwohnheim von Ost-Perth ankamen. Mutter Campbell geleitete sie durch das Tor und klopfte an die Haustür. Die Köchin machte ihnen auf.

«Ah, kommt herein», strahlte sie. «Ihr kommt gerade rechtzeitig zum Tee», fügte sie hinzu und führte sie zum Speisesaal.

«Ich bin Mrs. McKay», sagte eine große, schlanke und elegante Dame. «Kommt und setzt euch und sagt mir, wie ihr heißt.» Ihre freundliche Art erlaubte es den Mädchen, sich aus ihrer Verkrampfung zu lösen und ganz ruhig auf den Tee zu warten. Ein köstlicher Geruch von gebackenen Obsttörtchen durchzog den Raum.

«Sie bleiben doch zum Essen?», fragte Mrs. McKay die Vorgesetzte.

«Ja, danke. Ich habe noch Zeit für eine schnelle Tasse Tee», sagte sie und setzte sich an einen großen Esstisch. Dem Duft der Törtchen konnte sie nicht widerstehen.

Die Mädchen von den entferntesten Outbacks Westaustraliens saßen unsicher bei Tisch, während Tee und Gebäck aufgetragen wurden. Noch nie hatten sie mit Weißen eine Mahlzeit geteilt, deswegen hielten sie sich zurück, bis Mrs. McKay sie zum Essen aufforderte.

«Kommt schon, seid nicht so schüchtern! Esst etwas, bevor ihr euch frisch macht und euch etwas ausruhen könnt», sagte sie freundlich.

Miss Campbell stand vom Tisch auf und bedankte sich bei Mrs. McKay für das Essen. Bevor sie ging, wandte sie sich noch einmal an die Mädchen. Es waren jetzt vier, da noch ein Mädchen namens Rosie aus Moora hinzugekommen war.

«Morgen früh hole ich euch ab und bringe euch nach Moore River, also haltet euch bereit.»

Die Mädchen begannen, die Tische abzuräumen, als zwei sehr hübsche Sechzehn- oder Siebzehnjährige kichernd in den Speisesaal kamen und große Papiertüten voller Lebensmittel auf einen Tisch stellten.

«Ich bin Nora Graham aus Sandstone, einer Goldgräberstadt in Murchinson, in der Nähe von Mount Magnet», sagte die Kleinere der beiden, ein etwas pummeliges Mädchen mit einem kurz geschnittenen braunen Lockenkopf. «Ich hoffe, bald einen Job auf einer Farm in der näheren Umgebung meiner Heimatstadt zu bekommen.»

«Und ich bin Eva Jones aus Halls Creek. Mein Vater ist Prospektor in einer Goldmine. Er hat mich hierher geschickt, damit ich zur Schule gehen kann», sagte sie stolz. «Bald holt er mich wieder nach Haus», fügte sie hinzu. Ihre Augen strahlten, als sie an ihn und ihre anderen Familienmitglieder in Kimberley dachte, die alle ihre Rückkehr erwarteten. Die vier Neuen stellten sich nun ebenfalls vor.

«Wir sollen in der Eingeborenensiedlung zur Schule gehen, danach können wir nach Jigalong zurückkehren», sagte Molly voller Überzeugung.

Keines der Mädchen wusste, dass ihre neuen Vormünder, die Verantwortlichen des Amtes für Angelegenheiten der Aborigines, ganz andere Pläne für ihr weiteres Schicksal parat hatten. Schon wenige Wochen später sollten Nora und

Eva, statt in den Norden zurückzukehren, noch weiter südlich als Hausmädchen auf eine Rinderfarm geschickt werden. Bei der Gelegenheit wurden sie zum ersten Mal mit Ausbeutung und falschen Versprechungen konfrontiert; ein schwerer Moment in einem Leben, das noch so viele unvermutete Windungen und Wendungen nehmen sollte. Was die Heimkehr zu ihren geliebten Familien betraf, so sollten sie noch viele, viele Jahre darauf warten müssen.

Am nächsten Morgen um neun Uhr ließ Mutter Campbell einen Wagen vorfahren, um die vier Mädchen abzuholen. Molly, Daisy und Gracie setzten sich nach hinten, und Rosie kletterte auf den Beifahrersitz. Alle saßen ganz still und warteten auf Miss Campbell und den Beginn ihrer Reise nach Norden. Ihre Anspannung wich, als sie auf dem Weg aus der Stadt aus dem Fenster schauten. Immer wieder veränderte sich die Landschaft, durch die sie fuhren.

Die Mädchen, die vom Rand der Wüste stammten, waren von den üppig grünen Weiden und dem dichten, hohen Farnkraut zu beiden Seiten der Straße fasziniert. Molly, Daisy und Gracie stießen sich gegenseitig an, wenn sie etwas sahen, das ihre Aufmerksamkeit erregte, wie etwa die majestätischen Eukalyptusbäume, große Seen und riesige Herden von Milchkühen oder Schafen. Sie zeigten mit den Fingern auf die Seen, die bis oben hin voll Wasser waren.

Einige Stunden später hielt Miss Campbell unter einem gigantischen Eukalyptusbaum gegenüber dem Mogumbea-Hotel und ging hinein. Als sie wieder herauskam, hatte sie Sandwiches und Limonade für die Mädchen dabei.

«Bitte sehr», sagte sie. «Teilt euch das. Die Straße ist ziemlich sicher, es sollte also kein Problem sein, von hier bis zu der Siedlung durchzufahren», sagte sie, als sie den Wagen wieder anließ.

Als sie das nächste Mal anhielten, waren sie bereits am

Ziel, der Eingeborenensiedlung Moore River. Hier also sollten die Mädchen etliche Jahre untergebracht und auf europäische Art erzogen werden.

Nur zwölf Monate vor ihrer Ankunft hatte Mr. Keeling, der Vorsteher des Regierungspostens Jigalong, in seinem Bericht geschrieben, dass «diese Kinder mehr zum Wesen der Schwarzen neigen als zu dem der Weißen, und bei näherer Überlegung denke ich, dass nichts damit gewonnen wird, wenn man sie aus ihren Familien entfernt». Eine Reaktion auf diesen Bericht gab es nicht.

In einem Brief vom 4. August 1931 an Constable Riggs schrieb der Oberste Schutzbeauftragte für die Aborigines:

Die drei Mädchen und Mimi-Ali sind wohlbehalten angekommen. Mutter Campbell, eine Mitarbeiterin meines Amtes, hat sie in Empfang genommen und mit einem Krankenwagen nach Perth gebracht. Mimi-Ali befindet sich jetzt im Perth Hospital und die Mädchen Daisy, Molly und Chrissy (gemeint war Gracie) *in der Eingeborenensiedlung Moore River. Die Mädchen schienen vor den anderen Kindern große Angst zu haben und mussten bewacht werden, damit sie nicht fortliefen. Wir haben solches Verhalten schon öfter beobachtet, und immer haben wir die Erfahrung gemacht, dass die Kinder die Unausweichlichkeit ihrer Situation schnell begreifen und sich an die neue Umgebung gewöhnen.*

7. In der Eingeborenensiedlung Moore River

Die Straße zur Siedlung stand fast völlig unter Wasser. Das machte das Vorankommen mühsam und anstrengend. Der Motor musste sein Äußerstes geben, als der Wagen von einer Seite auf die andere kurvte und die Räder über die matschige Straße rutschten.

«Den ganzen Tag über hat es immer wieder geregnet», sagte Mutter Campbell und schaute besorgt aus dem Fenster. «Legt euch die Decken über die Knie.» Sie sah zu den Gewitterwolken hoch, die sich im Westen zusammenballten. «Bald wird es in Strömen gießen.» Sie machte sich Sorgen über den Rest der Fahrt, aber sie waren so viele, dass sie zur Not den Wagen anschieben konnten, wenn er in dem aufgeweichten Lehmboden stecken bleiben sollte.

Die Fahrt dauerte länger als gewöhnlich, und es war fast schon dunkel, als sie endlich in der Siedlung ankamen. Feiner Sprühregen lag wie ein Schleier zwischen den Häusern, die nur von den Laternen auf dem zentralen Platz beleuchtet waren. Miss Campbell parkte den Wagen nahe dem Personalquartier, und die Mädchen warteten im Wagen, als sie hineinging.

«Wo sind denn die Leute?», flüsterte Gracie und beugte sich zum Fenster vor.

«Ich weiß nicht», sagte Molly leise und sah sich ebenfalls um.

Die Mädchen hatten erwartet, dass sie Bewohner sehen würden, aber niemand hielt sich im Freien auf, das Lager wirkte wie ausgestorben. Zusammen mit einer anderen Frau kam Miss Campbell aus dem vergitterten Steinhaus.

«Da sind die drei», sagte sie und zeigte auf Molly, Daisy und Gracie. «Sie kommen von weit her, aus Nullagine.» Die drei sahen einander schweigend an. Am liebsten hätten sie diesen *midgerji* gesagt, dass sie aus Jigalong und nicht aus Nullagine kamen.

«Die andere, Rosie, stammt aus Moora», sagte Miss Campbell und übergab die Mädchen damit der anderen Frau. Dann verschwand sie hinter dem vergitterten Haus.

«Kommt mit», sagte Miss Evans. «Ich bringe euch zu eurem Schlafsaal. Hier entlang!»

Sie folgten ihr über den schlammigen Platz zu einem Holzhaus. Im Näherkommen bemerkten sie, dass die Tür mit Ketten und Vorhängeschlössern gesichert war. Molly sah, dass Fenster und Türen vergittert waren. Wie ein Gefängnis, dachte sie, und es gefiel ihr gar nicht. Die vier Mädchen standen in der Kälte, die Arme vor der Brust verschränkt, und versuchten verzweifelt, nicht zu zittern. Sie waren froh, als Miss Evans die Vorhängeschlösser abnahm, die Tür öffnete und sie aufforderte, ihr in den vollkommen überfüllten Schlafsaal zu folgen. Überall standen Betten.

«Das hier sind eure Betten. Macht unter euch aus, wer welches nimmt, die Aufteilung überlasse ich euch», sagte sie und wandte sich zum Gehen. «Ach, ich habe euch ja noch gar nicht die Toilette gezeigt. Benutzt einen Eimer im Waschraum», sagte sie. «Seht ihr? Da drüben.»

Vier Köpfe drehten sich in die Richtung, in die die Frau zeigte, aber sie wartete nicht ab, ob die Mädchen sie verstanden hatten. Sie hatte es eilig, in ihr gemütliches Zimmer im Haus nebenan zurückzukehren, hinter den sicheren, weiß angemalten Mauern.

Molly, Daisy und Gracie wählten die drei Betten, die ihnen am nächsten standen, und Rosie nahm eins am anderen Ende. Auf den harten Matratzen konnten die Mädchen nicht gut schlafen. Ihnen war kalt, sie fühlten sich einsam, und sie lauschten dem Regen, der auf das Blechdach fiel. Gracie hielt es nicht aus. Leise schlich sie sich zu Mollys Bett. «*Dgudu*, ich kann nicht schlafen», flüsterte sie. «Mir ist so kalt. Ich habe nur eine Decke.»

«Mir ist auch kalt. Hol deine Decke und schlaf bei mir», antwortete Molly ihrer zitternden kleinen Schwester.

Als Gracie die Decke holte, setzte sich Daisy im Bett auf und flüsterte: «Mir ist auch kalt, *dgudu*.»

«Du kannst am *jina*-Ende schlafen», sagte Molly zu Daisy, die auch schon ihre Decke herüberwarf.

Den Rest der Nacht kuschelten sich die drei aneinander. Am nächsten Morgen wurden sie sehr früh geweckt. Eine fremde Stimme rief laut: «Los, los, Mädchen, aufgewacht! Raus aus den Federn!»

Die Frau ging an das vorderste Bett und zog die Decke von einem schlafenden Mädchen, schüttelte es unsanft, ging dann zum nächsten Bett und machte dasselbe noch einmal. Die Neuankömmlinge waren erstaunt, dieselbe kleine, schlanke Frau zu sehen, die sie am Vorabend hierher begleitet hatte. Sie eilte von Bett zu Bett und zog die Decken von den schlafenden Kindern, die leise murrten, als sie sich gezwungenermaßen auf den kalten Fußboden stellten. Dieses Ritual vollführte Miss Evans, die Hauptverantwortliche für die Schlafsäle, jeden Morgen, ohne Ausnahme.

Als sie an Mollys Bett kam, starrte sie die drei Mädchen an, die jetzt auf der Bettkante saßen. «Ach ja, ihr seid die Neuen. Ihr seid doch zu viert, nicht wahr? Okay, ihr macht jetzt eure Betten, und dann geht ihr zum Frühstück in den Speisesaal. Eins der anderen Mädchen zeigt euch, wo alles ist.»

Molly, Daisy und Gracie konnten im Morgenlicht mehr von ihrer Umgebung und den anderen Mädchen sehen als

am Abend zuvor. Sie sahen, dass die anderen genauso neugierig waren wie sie.

«Wo kommt ihr her?», wollten sie wissen.

«Aus Jigalong», sagte Molly, ohne zu zögern.

«Wo ist das denn?», fragte jemand von der anderen Seite
des Raums.

«Im Norden», sagte Molly nur. Sie wollte diesen Fremden nicht zu viel offenbaren. Sie war froh, als ein Mädchen
auf sie zukam und zu ihr sagte, sie werde sie begleiten und
ihnen später alles zeigen.

«Aber erst müsst ihr eure Betten machen», sagte sie. Das
war ganz einfach. Man brauchte bloß die Decke auf der
Matratze glatt zu ziehen. Bettlaken gab es nicht. Die
wurden in Schränken aufbewahrt und nur zu besonderen
Gelegenheiten verteilt, um wichtige Besucher zu beeindru-
cken.

«Ich bin Martha Jones. Ich komme aus Port Hedland»,
sagte das freundliche Mädchen, das sich freiwillig bereit erklärt hatte, die Neuankömmlinge herumzuführen. «Ich bin
jetzt seit einem Jahr hier. Ich wurde von einer Farm wegge-
holt, um zur Schule zu gehen. Später schickt mich die Regierung wieder zu meiner Familie zurück, und ich arbeite auf
der Farm», sagte sie stolz.

Sie war etwa fünfzehn Jahre alt, aber genau wusste das
keiner, weil ihre Geburt, genau wie bei vielen anderen Mädchen in der Siedlung, nicht registriert worden war. Dem Trio
aus Jigalong war sie gleich sympathisch. Sie war sehr aus-
kunftsfreudig und erzählte ihnen alles über die Siedlung und
was sie erwartete, solange sie hier wohnten.

«Es ist gar nicht so schlimm, wenn man sich erst mal an
alles gewöhnt hat», sagte Martha. Die vier Mädchen be-
zweifelten das zwar, sagten aber nichts.

Die Glocke am Speisesaal unterbrach das Gespräch. Alle

standen auf, strichen noch einmal ihre Betten glatt und gingen auf die schmale Holztür zu.

«Kommt, wir müssen uns beeilen, sonst wird das Frühstück kalt», sagte Martha und führte die Neuen nach draußen. Eine nach der anderen traten sie in den regnerischen Morgen hinaus, um ihre erste Mahlzeit in Gefangenschaft einzunehmen.

Gegenüber dem Mädchenschlafsaal strömten die Jungen aus ihrem Gebäude und gingen über den schlammigen Platz, um gemeinsam mit den Mädchen zu frühstücken. Das Frühstück bestand, wie meist, aus einem Teller groben Haferschleims, Brot mit Bratfett und lauwarmem, gesüßtem Tee mit Milch. Alle, die rund um den zentralen Platz wohnten, nahmen die Mahlzeiten in dem Gemeinschafts-Speisesaal ein. Genau wie das Frühstück waren auch die anderen Mahlzeiten scheußlich und im Grunde ungeeignet für den menschlichen Verzehr. Abfälle vom Schlachthof, die die Leute in Jigalong reinigten und dann über einem offenen Feuer am Flussufer garten, schmeckten besser als das, was Köchin und Küchenpersonal hier auf den Tisch brachten.

Nach dem Frühstück begleitete Martha Jones die neuen Mädchen nach draußen. «Seht mal, vielleicht klart es später noch auf», sagte sie fröhlich, als sie die Holztreppe hinunterstiegen und über den nassen Schotterweg zurück zum Schlafsaal gingen. Martha wollte gerade die Tür öffnen, als ihr ein älterer Junge etwas zurief.

«Das ist mein Bruder Bill», erklärte sie. «Seine und meine Mutter sind Schwestern.» Die Mädchen aus Jigalong verstanden. Auch sie waren die Töchter von Schwestern.*

---

* Solche Verwandtschaftsverhältnisse werden heute mit dem englischen Begriff *cousin-sister* bzw. *cousin-brother* bezeichnet. Entscheidend für Stammeshierarchie, Stammeskodex und Verwandtschaftsgrad ist dabei der Geschwisteraspekt. Anm. d. Übers.

«Geht schon mal rein und wartet da», sagte Martha zu den Mädchen, die nicht wussten, ob sie draußen oder drinnen auf sie warten sollten. Sie schauten Martha hinterher, wie sie auf ihren Bruder zurannte und dann plötzlich stehen blieb, weil der Boden nicht nur matschig, sondern auch sehr glatt war. Ihre nackten Füße machten schmatzende Geräusche, wenn der Schlamm durch die Zehen sickerte. In der Mitte des Platzes trafen sich die Cousin-Geschwister und unterhielten sich ein paar Minuten lang leise, dann gingen sie auseinander. In der Zwischenzeit verständigten sich Molly, Daisy und Gracie leise in ihrer Muttersprache.

«Mir gefällt es hier nicht», flüsterte Molly. «Es ist wie ein Gefängnis. Da schließen sie die Leute nachts auch ein und machen erst morgens wieder die Türen auf.» Alle drei hatten die Gitter vor Fenstern und Türen bemerkt, die ihnen große Angst machten.

Martha kam zum Schlafsaal zurück und setzte sich auf ein Bett in der Nähe der drei Mädchen. Jetzt konnten sie die neue Freundin zum ersten Mal richtig ansehen. Sie war ein hübsches Mädchen mit kurzem, glattem braunen Haar und braunen Augen, aber das Beste an ihr war ein strahlendes Lächeln, mit dem sie gute Laune verbreitete.

«Bill wollte bloß wissen, wer ihr seid und wo ihr herkommt», sagte sie. «Er wird es den anderen sagen.» Neuankömmlinge erregten immer großes Aufsehen und vor allem Hoffnung – Hoffnung auf Nachrichten von den Verwandten in der Heimat.

Den Rest des Vormittags verbrachten die Mädchen im Schlafsaal und unterhielten sich. Nach dem Mittagessen klarte es tatsächlich auf, aber der Wind wehte in starken Böen über den Platz, und es wurde immer kälter. Martha Jones schlug einen Spaziergang vor. Sie stand auf, sah sich im Schlafsaal um und rief dann nach ihrer Freundin Polly Martin, die aus Onslow an der Nordküste stammte.

«Kommst du mit?», fragte Martha.

«Wo wollt ihr denn hin?», fragte Polly zurück.

Martha erklärte, dass sie den Neuen die Siedlung zeigen wolle, und Polly schloss sich der kleinen Gruppe an.

«Das ist besser, als einfach nur rumzusitzen und sich gegenseitig anzustarren», sagte Polly.

Sie beschlossen, dem sandigen Pfad hinter dem Schlafsaal zu folgen, der an den Klippen entlangführte. Von dort konnte man auf den braunen, schaumbedeckten Fluss sehen. Der Abhang war zerklüftet, hier und dort standen niedrige, dichte Büsche. Felsbrocken lagen überall herum, sodass es schwierig und gefährlich war, dort herumzuklettern. Hinter den Mädchen lag das «Große Haus», das Wohnhaus des Vorstehers.

«Wollt ihr zum Fluss hinunter und ihn euch näher ansehen?», fragte Martha.

«Ja», sagten die Neuankömmlinge wie aus einem Munde. Sie befanden sich gerade auf der Höhe der Melkschuppen, als sie Rufe und Gelächter zu ihrer Linken hörten.

«Hey, Martha und Polly! Kommt und spielt eine Runde Schlagball mit uns!», riefen ein paar Mädchen.

«Habt ihr Lust auf ein Spiel?», fragte Martha. Die Neuen schüttelten die Köpfe. «Macht nichts», sagte Martha. «Wir gehen hier runter, dann könnt ihr euch den Fluss ansehen.»

Polly winkte den Mädchen auf dem Fußballplatz zu und rief: «Wir gehen mit den Neuen spazieren, solange das Wetter hält.»

«Na gut. Dann sehen wir uns später», riefen die anderen Mädchen zurück.

Der Fluss führte viel Wasser, und die Wiesen an beiden Ufern waren überschwemmt. Für die Mädchen aus der Ost-

Pilbara war der schokoladenbraune Fluss ein aufregender Anblick, etwas ganz anderes als die rosafarbenen Salzseen, die Bäche und Flüsse in der Heimat. Er machte Molly noch mehr bewusst, dass sie hier in der Fremde war, und den anderen Mädchen ging es ebenso.

Wir sind so weit weg von unseren Familien, dachte sie, und sie sehnte sich nach der roten, trockenen, wilden Landschaft der Pilbara. Und dennoch war sie fasziniert von den wirbelnden Wassermassen und dem weichen, weißen Schaum, der sich an den Stämmen der hohen Eukalyptusbäume absetzte. Als sie an eine Biegung kamen und vorsichtig um die zahlreichen Pfützen herumbalancierten, trafen sie plötzlich auf eine Gruppe von sechs oder sieben Mädchen. Eine war etwa siebzehn und die anderen acht Jahre alt oder jünger, und alle wateten durch das eiskalte Wasser. Die Älteste, Edna Green, zeigte den anderen, wie man einen Fluss überquert, und maß mit einem langen Stock die Wassertiefe. Die Jüngeren folgten ihr, die Baumwollkleider in die Unterhosen gestopft.

«Warum tun sie das?», fragte Rosie, die nicht verstehen konnte, warum jemand freiwillig an so einem kalten und regnerischen Tag in das eiskalte Wasser ging.

«Um die Langeweile zu vertreiben», sagte Martha.

«Wenn es nicht regnet, machen wir lange Spaziergänge durch die Umgebung», sagte Polly. «Aber seht ihr den großen Felsen da drüben?», fragte sie und zeigte auf das gegenüberliegende Flussufer. «Da gibt es eine Höhle, in der die verrückten Waldmenschen leben. Geht da bloß nicht hin!»

«Was sind das – verrückte Waldmenschen?», fragte Rosie.

«Das sind kleine behaarte Männer. Einige von uns haben schon welche gesehen. Es gibt sie also wirklich, es ist keine Erfindung», sagte Polly ernst.

«Das müssen *marbus* sein», flüsterte Molly. «Dies ist *marbu*-Land. Hier können wir nicht bleiben, sonst töten sie uns.»

Sie betrachtete den grauen Kalkfelsen, der hinter den dichten Büschen hervorsprang.

Rosie schaute immer noch auf die Mädchen im Fluss und fragte Martha: «Was tun sie, wenn sie auf die andere Seite kommen?»

«Dann gehen sie am Ufer entlang, bis Edna eine sichere Stelle findet, an der sie zurückkommen können. Und wenn jemand reinfällt, machen sie ein Feuer und bleiben drüben, bis ihre Kleider wieder trocken sind.»

«Bis später», sagten die Mädchen zu Edna und den anderen und gingen weiter den matschigen Pfad entlang, bis sie zu einer großen Weide kamen. Polly und Martha fanden, dass sie für heute weit genug gegangen waren. Sie standen eine Weile da und genossen die schöne Aussicht vom Fuße des Hügels, der mit goldgelben Akazienblüten übersät war, zwischen denen hier und da einige rosa Blüten leuchteten.

«Ich habe keine Lust, auf den Hügel zu steigen», sagte Martha. «Aber wenn ihr es wollt, werde ich wohl mitkommen müssen.»

Auch die anderen wollten nicht über die steinigen Klippen klettern, und so gingen sie auf demselben Weg zurück, den sie gekommen waren.

Als sie an die Stelle kamen, an der Edna mit den kleinen Mädchen den Fluss überquert hatte, gellte ein schriller Pfiff durch die Luft und hallte von den Bäumen wider. Alle erschraken, da sie tief in Gedanken versunken gewesen waren. Dann schauten sie sich um.

Ein gut aussehender junger Mann, um die achtzehn, lehnte an einem Akazienstamm und winkte den Mädchen zu. Polly strahlte, als sie zu ihm zurückwinkte, und er bedeutete ihr mit einer Handbewegung, sie solle zu ihm heraufkommen. Polly schüttelte den Kopf und zeigte entschuldigend auf die vier Mädchen.

«Das ist Pollys Freund, Jack Miller, aus Mount Magnet. Sie werden heiraten, wenn er einen Job auf einer Farm findet», flüsterte Martha, als sie vorausgingen, damit Polly noch ein wenig mit ihrem Verehrer allein sein und ihm mit den Händen Zeichen geben konnte.

Polly schloss wieder zu ihnen auf, als sie den Melkschuppen erreichten. In der Zwischenzeit waren eine Menge Menschen auf den Fußballplatz gekommen, und die Zuschauer jubelten der Schlagballmannschaft zu, die gerade führte. Polly und Martha stellten den vier neuen Mädchen zwei ältere Jungen vor. Sie unterhielten sich eine Weile, bis jemand von einem nahe gelegenen Gebäude nach ihnen rief.

«Hey, wer seid ihr da draußen?», fragte eine klägliche Mädchenstimme.

«Ich bin's, Martha Jones, und das sind Polly Martin und die vier neuen Mädchen.»

«Könnt ihr meine Schwester bitten, mir etwas Fleisch, Brot und Tee mitzubringen?», fragte das Mädchen. Ihre Stimme klang ganz verloren und unglücklich.

«Wir sagen ihr Bescheid», versprach Polly. Molly, Gracie und Daisy starrten auf das graue, quadratische Gebäude.

«Was ist das für ein Haus?», fragte Rosie.

«Das ist das ‹Loch›. Da sperren sie einen zur Strafe ein», erklärte Martha.

«Was hat das Mädchen denn verbrochen?», fragte Rosie.

«Violet Williams? Sie hat Miss Morgan beschimpft. Das ist unsere Lehrerin. Violet hat Glück gehabt, dass sie nur für zwei Tage eingesperrt worden ist», sagte Martha und erzählte von anderen, die auch schon alle im «Loch» waren.

«Ihr hättet mal die sehen sollen, die nach einem Fluchtversuch eingesperrt wurden!», sagte sie. «Sie bekamen sieben Tage, bei Wasser und Brot. Mr. Johnson hat ihnen die Köpfe geschoren und sie gezwungen, auf dem Platz hin und her zu marschieren, sodass alle sie sehen konnten. Sie sind auch ausgepeitscht worden.»

«Die Armen!», sagte Rosie.

«Sie taten allen Leid», sagte Martha, «die drei aus Carnarvon.»

«Sind sie weit gekommen?», fragte Rosie.

«Nein, nur bis Jump Up Hill, an der Eisenbahnlinie zwischen Gillingarra und Mogumber. Sie wussten, dass der Zug nach Geraldton an der Stelle ganz langsam fährt. Also haben sie da gewartet, um auf einen Güterwaggon aufzuspringen. Der schwarze Polizist hat sie entdeckt. Die Mädchen flehten ihn an, sie gehen zu lassen, aber er hörte nicht auf sie und schlug sie mit seiner Viehpeitsche», sagte Martha. Ihre Stimme bebte vor Zorn. «Er zwang sie, den ganzen Weg zurückzugehen, ohne Pause, und er ist wie ein Weißer auf seinem grauen Hengst neben ihnen her geritten.»

«Ist denn schon mal jemandem die Flucht geglückt?», fragte Rosie.

«Nein. Schon viele Mädchen haben versucht, abzuhauen und nach Hause zu fliehen, aber der schwarze Polizist hat sie alle gefunden und zurückgebracht. Dann wurden sie ausgepeitscht und ins ‹Loch› gesperrt», sagte Martha.

Das «Loch» war ein kleines, separat stehendes Haus aus Beton. Es bestand aus einem Raum mit einem Fußboden aus festgeklopftem Sand. Ein schwacher Lichtstrahl und ein wenig frische Luft drangen durch eine enge, vergitterte Öffnung in der Nordwand in die kleine Zelle. Alle im Lager fürchteten sich vor diesem Haus. Manche Kinder wurden hier bis zu vierzehn Tage lang eingesperrt.

Polly und Martha führten die Mädchen am Schlafsaal der Jungen, an der Näherei und der Vorderfront des «Großen Hauses» vorbei. Dann gingen sie die Schotterstraße entlang und durch die Pinienplantage hinter dem Zaun des Kindergartens bis zum Krankenhaus.

«Die Straße dahinten führt bis zu den Camps für die verheirateten Paare», sagte Martha, «und auf dieser hier», sie zeigte auf die, auf der sie standen, «kommen wir zurück zum Platz.»

«Und wohin führt die Straße da?», fragte Rosie und zeigte nach Osten.

«Das ist die Straße nach Mogumber, die einzige, die aus der Siedlung hinausführt», sagte Martha. «Aber die ganze Siedlung ist eingezäunt.»

Sie kehrten zum Schlafsaal zurück, ruhten sich aus und redeten weiter. In einem waren sich alle einig: Dieser Ort war bestimmt nicht das, was sie sich vorgestellt hatten.

Wenn die Söhne und Töchter der Landbesitzer, der Geschäftsleute und Ärzte, Anwälte und Politiker von zu Hause fortgeschickt wurden, um Internate zu besuchen, gab man ihnen dort mit Sicherheit bessere Zimmer zum Schlafen und Wohnen. Die Aborigine-Kinder steckte man einfach in überfüllte Schlafsäle. Die Insassen – als solche wurden sie bezeichnet, und nicht etwa als Schüler – schliefen auf Feldbetten mit Decken aus Regierungsbeständen, ohne Bettlaken oder Kopfkissen. An den Fenstern waren statt farbiger Vorhänge nur Drahtgitter und Eisenstangen. Der Schlafsaal erinnerte mehr an ein Konzentrationslager als an ein Internat.

Die Mädchen versuchten, es sich in den kalten, unbequemen Betten gemütlich zu machen. Molly, Daisy und Gracie begannen sich ganz normal zu unterhalten, ohne zu flüstern.

«Hey, Mädels, ihr dürft hier nicht wie Schwarze sprechen», kam eine warnende Stimme von der anderen Seite des Raumes. «Ihr dürft nur Englisch sprechen.»

Erschrocken sahen sie zu dem Mädchen am anderen Ende des Raumes hinüber.

«Sie hat Recht», sagte Martha. «Das gilt für alle, die in die Schule kommen.»

Molly konnte es nicht fassen. «Wir dürfen nicht unser *wangka* sprechen?», murmelte sie. «Das ist ja furchtbar!»

«Ich weiß», sagte Martha. «Aber man gewöhnt sich schnell daran.»

Molly lag auf dem Bett und starrte an die Decke, dachte über ihr Schicksal nach und über das Leben, das sie hier führen mussten, und es gefiel ihr nicht im Geringsten. Nach einer Weile schliefen sie und die anderen Mädchen ein.

Kurz darauf wurden sie plötzlich lautstark geweckt. Die Glocke hatte geläutet.

«Los, kommt, es gibt Abendbrot», rief jemand.

Überall im Schlafsaal kletterten schlaftrunken Mädchen aus den schmalen Betten. Wieder nahm Martha sich der vier Neuen an und führte sie zum Speisesaal. Dieses Mal bestand die Mahlzeit aus wässrigem Eintopf – es war fast derselbe wie zum Mittagessen, nur dass es jetzt noch Brot mit Sirup dazu gab. In einem unbeobachteten Moment stopfte sich Molly die übrig gebliebenen Brotkrusten in den Baumwollbeutel. Sie stieß ihre jüngeren Schwestern an, damit sie dasselbe taten.

«Für später», flüsterte Molly.

«Seid ihr alle fertig?», fragte Martha höflich.

Die Mädchen nickten.

«Wir müssen uns beeilen, es fängt gleich an zu regnen.» Sie gingen hinaus auf die Veranda und beobachteten die Gewitterwolken am westlichen Himmel. Dann blitzte es, und gleich darauf folgte ein zweiter Blitz.

«Schnell, lauft!», sagte Martha drängend. «Gleich wird es in Strömen gießen.»

Sie erreichten den Schlafsaal gerade noch rechtzeitig. Auch die anderen Jungen und Mädchen beeilten sich, um vor dem Regen ins Trockene zu kommen. Zuerst regnete es nur leicht, aber als es dunkel wurde, frischte der Wind auf, und es wurde kälter. Auch die übrigen Insassen kehrten zu ihren Schlafsälen zurück. Die Jüngeren lagen still auf ihren Betten und hörten zu, wie die Älteren sich gegenseitig Geschichten erzählten und Pläne für die Zukunft schmiedeten.

Als nach der abendlichen Inspektion die Lichter erloschen, hörte Molly, wie der Riegel vor die Tür geschoben und das Vorhängeschloss befestigt wurde. Dann trat Ruhe ein. In diesem Moment wusste sie, dass sie und ihre Schwestern von hier fliehen mussten.

8. Die Flucht

In den ersten Jahren nach der Gründung der Siedlung waren die Lebensbedingungen so entwürdigend und unmenschlich, dass eine Angestellte aus jener Zeit später sagte, alle, die dort lebten, Kinder wie Personal, seien Verdammte gewesen. Vielleicht hätte man am Eingangstor ein großes Schild anbringen sollen, das vor all den Übeln warnte, die einen drinnen erwarteten. Dieses Schild hätte den Jungen und Mädchen, die auf Regierungsbeschluss von zu Hause entführt wurden, allerdings nichts genützt, denn sie konnten weder lesen noch schreiben. Aber das sollten Molly, Daisy und Gracie nun lernen. Ihr erster Schultag nahte.

Es war noch dunkel an diesem kalten, regnerischen Tag im August 1931, als die Mädchen um halb sechs in der Frühe geweckt wurden. Die Jüngeren protestierten laut dagegen, zu nachtschlafender Zeit aus den warmen Betten gerissen zu werden. Molly stand langsam auf und ging auf die Veranda, spähte durch die Gitter und lächelte still. Gracie und Daisy gesellten sich zu ihr, aber sie konnten dem trüben Tag nichts abgewinnen und äußerten ihren Missmut auf unmissverständliche Weise.

Die Mädchen warteten, bis Martha und die anderen fertig waren, dann gingen sie durch den rutschigen Matsch vor dem Personalquartier zum Speisesaal. Nach dem üblichen Frühstück aus minderwertigem Haferschleim, Brot und Tee kehrten sie zum Schlafsaal zurück, um auf die Schulglocke zu warten.

Molly hatte ihren Beschluss aus der vorangegangenen

Nacht nicht vergessen. Sie hatte nicht die geringste Lust, an diesem unwirtlichen Ort zu bleiben und mit Menschen zusammenzuleben, die sie nicht kannte. Außerdem fühlte sie sich zu alt, um noch zur Schule zu gehen. Sie fand, die Leute hatten nicht das Recht, sie hierher zu bringen. Schließlich war sie eine *durn-durn*, ein junges Mädchen, und kein Kind mehr, überlegte sie und berührte ihre kleinen Brüste. Diese Leute von der Regierung hatten keine Ahnung, dass sie längst einem Mann versprochen war, auch wenn der Mann, Burungu, ihr eine Schwester-Cousine vorgezogen hatte, die zu den Millungga gehörte. Die beiden hatten bereits einen vierjährigen Sohn. Also, überlegte Molly, wenn sie alt genug war, um so etwas wie eine zweite Frau zu sein, dann war sie auch alt genug, um auf einer Farm zu arbeiten. Mr. Johnson, der Verwalter der Ethel-Creek-Farm, war derselben Meinung gewesen, als er ein Telegramm nach Jigalong schickte und um Erlaubnis bat, sie und Gracie als Arbeitskräfte einstellen zu dürfen. Aber er hatte die Erlaubnis nicht erhalten.

Es dauerte noch etwas, bis die Schule anfing, und die jüngeren Mädchen gingen fast alle wieder zu Bett. Das taten auch Molly, Gracie und Daisy, aber sie zwängten sich alle ins selbe Bett.

Molly kämmte ihr hellbraunes Haar und beobachtete, was die anderen im Schlafsaal taten. Am anderen Ende des Bettes flüsterten Daisy und Gracie leise miteinander. Daisy war neun, ihre Haare hatten die gleiche Farbe und Struktur wie die ihrer ältesten Schwester, während Gracie glatte, schwarze Haare hatte, die ihr bis auf die Schultern fielen. Es war nicht zu übersehen, dass die Mädchen einiges von ihren weißen Vätern geerbt hatten. Das Einzige, was an ihnen typisch Aborigine war, waren die dunkelbraunen Augen und die Fähigkeit, ihren Gesichtsausdruck zu beherrschen, sodass sie, wenn sie erwachsen waren, das ruhige, würdevolle

Erscheinungsbild der typischen Pilbara-Frauen bieten würden.

Die anderen Mädchen machten sich jetzt für die Schule fertig, und die drei beobachteten ruhig das geschäftige Treiben. Die anderen mahnten sich gegenseitig zur Eile, standen sich im Weg und stritten miteinander. Überall wurde gekreischt und geschrien. «Hör auf, du reißt mir ja alle Haare aus!», rief ein Mädchen, dem die wirren Locken mit einem feinen Kamm geglättet wurden.

«O Mummy, Daddy, Mummy, Daddy, mein Kopf!», schrie ein kleines Mädchen, stampfte mit dem Fuß auf und versuchte, sich von seiner Peinigerin loszureißen, einem älteren, kräftigen Mädchen, das die Jüngere als kleine Schwester adoptiert zu haben schien.

«Kommt schon, Mädchen!», sagte Martha Jones, als sie am Bett der drei Schwestern vorbeikam. «Die Schulglocke hat geläutet. Kommt an eurem ersten Schultag bloß nicht zu spät!»

«Wir kommen gleich. Wir müssen nur noch den Toiletteneimer ausleeren», sagte Molly leise.

«Ich warte auf euch», sagte Martha.

«Nein, du brauchst nicht zu warten. Wir kommen nach. Wir wissen ja, wo die Schule ist.»

«Ist gut. Dann gehen wir jetzt. Komm mit, Rosie», sagte Martha und lief in den kalten, verregneten Morgen hinaus.

Als die anderen Mädchen den Schlafsaal verlassen hatten, winkte Molly ihre beiden Schwestern zu sich. Dann flüsterte sie ihnen sehr ernst zu: «Wir gehen nicht in die Schule. Nehmt eure Beutel. Wir bleiben nicht hier.» Daisy und Gracie starrten sie entgeistert an.

«Was sagst du da?», fragte Gracie.

«Ich sagte: Wir bleiben nicht in dieser Siedlung. Wir gehen nach Hause, nach Jigalong.»

Gracie und Daisy waren sich immer noch nicht sicher, ob sie richtig gehört hatten.

«Beeilt euch!», trieb Molly die Schwestern an. Sie wollte so weit wie möglich von hier weg sein, bevor ihr Verschwinden bemerkt wurde.

Ihre jüngeren Schwestern wechselten einen ängstlichen Blick. Daisy sagte zu Molly: «Wir haben Angst, *Dgudu.* Wie sollen wir nach Jigalong zurückfinden? Es ist doch so weit von hier entfernt!»

Molly lehnte sich an die Wand und sagte voller Zuversicht: «Ich weiß, dass es weit ist, aber der Weg ist ganz einfach. Wir brauchen bloß den Kaninchenzaun zu finden, und dann folgen wir ihm bis nach Haus.»

«Wir gehen den ganzen Weg zu Fuß?», fragte Daisy.

«Ja.» Molly wurde ungeduldig. «Also beeilt euch! Wir dürfen keine Zeit verlieren.»

Den Kaninchenzaun zu suchen erschien der Tochter eines Zauninspekteurs als die simpelste Lösung. Thomas Craig hatte ihr oft genug erzählt, dass sich der Zaun von der Nord- bis zur Südküste durchs ganze Land zog. Das Einzige, was man also tun musste, war, ein Stück davon zu finden und ihm dann nach Jigalong zu folgen. Die beiden Jüngeren vertrauten der älteren Schwester, denn sie war immer schon die Bestimmende gewesen, die auch zu Hause die Entscheidungen für alle traf. Also taten sie, was sie immer taten, und sagten: «In Ordnung, *dgudu*, wir laufen mit dir weg.»

Sie sammelten ihre paar Habseligkeiten zusammen, steckten sie in ihre Baumwollbeutel, banden sie fest zu und hängten sie sich um den Hals. Dann zogen Gracie und Daisy je zwei Kleider an, zwei Baumwollhosen und einen Mantel.

Sie wollten schon gehen, als Molly sagte: «Wartet! Zieht die Mäntel wieder aus und lasst sie hier.»

«Warum?», fragte Gracie.

«Weil sie zu schwer zu tragen sind.»

Die drei Schwestern prüften, ob sie auch wirklich alles eingepackt hatten, und als sie sich sicher waren, griff Molly nach dem Metalleimer und sagte zu Gracie, sie solle mit anfassen. Dann setzten sie sich vorsichtig in Bewegung, damit nichts überschwappte, und machten sich auf den Weg zu den Waschräumen. Daisy wartete unter der großen Pinie bei den Ställen auf sie. Sie streckte einen Arm aus und brach einen kleinen, tief hängenden Zweig ab. Sie besah ihn sich von allen Seiten, bis die anderen beiden kamen.

«Sieh mal, *dgudu*, das sieht aus wie Gras, *indi*?», sagte Daisy und gab Molly den Zweig, damit sie ihn betasten konnte.

«*Youay*», sagte sie und gab Gracie den Zweig, die die grünen Nadeln zwischen den Fingern zerrieb und daran roch. Ihr gefiel der Geruch, und sie wollte es gerade sagen, als Molly sie daran erinnerte, dass sie keine Zeit hatten, um hier herumzustehen und Piniennadeln zu untersuchen.

«Los, los, lauft!», sagte sie schroff und begann selbst, in Richtung Fluss zu laufen. Schon viele junge Leute hatten unter der Pinie gestanden und darauf gewartet, dass jemand im Stall oder in der Garage Maitland, den Hausmeister, ablenkte. Wenn die Luft rein war, schlich man sich in den Raum mit den Getreidevorräten und füllte leere Obstdosen mit Weizenkörnern aus einem offenen Sack hinten im Schuppen. Ein Teil davon wurde in flachen Blechdosen über heißen Kohlen geröstet. Mit dem Rest füllte man die Initialen, die in den festen gelben Sand des Uferhangs gegraben worden waren. Wenn dann der erste Regen kam, rannten die Insassen zu den Klippen hinunter. Diese Getreide-Graffiti verrieten die jeweils aktuellen Sommerromanzen der älteren Jungen und Mädchen. Für so etwas hatten die drei Mädchen aus der Pilbara jedoch keine Zeit: Vor ihnen lag eine große Aufgabe.

Sie rannten den sandigen Hügel unter den Klippen hinunter und folgten dem schmalen Pfad am überfluteten Fluss. Erst als sie unten ankamen, wurden sie ein wenig langsamer. Molly blieb kurz stehen und warf einen Blick auf die Pumpstation, an der sie tags zuvor vorbeigekommen waren. Sie ging darauf zu und sagte zu Daisy und Gracie: «Hier entlang!» Dann rannten sie etwa 25 Meter, bis sie die dichten Teebäume und das schützende Blattwerk der Eukalyptusbäume erreicht hatten.

So gut es ging, bahnte sich Molly einen Weg über das schlammige Flussufer und blieb nur stehen, um die jüngeren Mädchen zur Eile anzutreiben oder sie zu ermahnen, dass sie mit ihr Schritt halten sollten. Sie gingen zügig weiter, bis sie zu einer Stelle kamen, an der Molly glaubte, den schnell dahinströmenden Fluss überqueren zu können.

Die drei Mädchen beobachteten die Wasserstrudel mit den weißen Schaumkronen eine Weile. Auch die Stämme der jungen Eukalyptusbäume und die eng zusammenstehenden Teebäume waren von diesem Schaum bedeckt.

«Hier ist das Wasser zu tief und die Strömung zu stark, lasst es uns weiter oben versuchen», sagte Molly und führte sie durch das Dickicht der jungen Bäume mit ihren freigespülten Stämmen. In unmittelbarer Ufernähe kamen sie nicht schnell voran, weil ihnen überall Zweige und Äste und allerlei von den Wassermassen Angespültes im Weg lagen. Schließlich kamen sie an eine Stelle, wo der Fluss sehr schmal war.

«Wir versuchen es hier», sagte Molly, bückte sich und hob einen langen Stock auf. Sie ging zum Wasser hinunter und begann, die Tiefe des Flussbetts zu messen, so wie sie es bei Edna Green am vorigen Nachmittag gesehen hatte. Daisy und Gracie sahen ihr vom Ufer aus zu.

«Ist doch zu tief», sagte Molly ärgerlich. «Hier kommen wir nicht rüber.»

«*Gulu, Dgudu!*», riefen die jüngeren Schwestern, als sie Molly durch das nasse Blattwerk nachrannten.

Molly beschloss, dem Trampelpfad der Rinderherden zu folgen. Einen weiteren Versuch, den Fluss zu überqueren, brach sie ebenfalls ab. Wütend ging sie weiter und schob die dichten Zweige der jungen Eukalyptusbäume zur Seite. Gleichzeitig mahnte sie Daisy und Gracie, schneller zu gehen. Die drei Mädchen fühlten sich sicherer, wenn sie nicht so eng beieinander gingen, und so folgten Gracie und Daisy den Fußabdrücken der großen Schwester.

Sie kämpften sich noch etwa eine Stunde lang durch die Teebäume, bis Molly plötzlich rief: «*Yardini! Bukala, bukala!*»

Daisy und Gracie rannten zu ihr hin, so schnell der rutschige Weg es erlaubte. Molly stand neben einem großen Eukalyptusbaum. Die Jüngeren rangen nach Atem, und Molly sagte: «Hier können wir über den Fluss gehen.»

Vor den Augen der drei lag die perfekte Stelle für die Flussüberquerung: Ein Baum hatte sich quer über das Flussbett gelegt und bildete eine natürliche Brücke, über die sie sicher auf die andere Seite gelangen konnten.

Die Mädchen wischten sich den Schlamm von den Füßen, kletterten auf den Baumstamm und gingen vorsichtig hinüber. Dann schwangen sie sich von dem Baum auf das andere Ufer, das genauso schlammig war. Sie stapften noch mindestens zwei Stunden lang durch den nassen, schokoladenbraunen Uferschlamm, bis sie beschlossen, im hohen Schilf hinter den großen Eukalyptusbäumen Rast zu machen.

Schon wenige Minuten später erhob sich Molly wieder und forderte ihre jüngeren Schwestern auf ebenfalls aufzustehen. «Wir gehen von jetzt an nach *kyalie*», sagte sie. Die beiden gehorchten widerspruchslos. Sie duckten sich unter die herabhängenden Zweige der Teebäume und versuchten, so schnell wie möglich voranzukommen. Sie trampelten Schilf und Binsen platt, die die Ufer des schnell dahinströmenden Flusses dicht bewuchsen. Die einzigen Geräusche, die zu hören waren, kamen von den aufgescheuchten Vögeln, die angstvoll ihre Nester verließen, und dem Rascheln der nackten Füße auf den umknickenden Binsen.

Nun ist es durchaus nicht einfach, an einem trüben, grauen Tag ohne Karte oder Kompass in eine bestimmte Himmelsrichtung zu wandern. Auch ein Erwachsener ohne gründliche Kenntnis der örtlichen Vegetation verliert leicht die Orientierung und verläuft sich in unbekanntem Terrain, besonders wenn er durch dichtes Unterholz streift und sich noch nicht einmal an der Sonne orientieren kann. Molly jedoch, ein vierzehnjähriges Mädchen, hatte davor keine Angst, denn die Wildnis war ihr vertraut. Sie wusste, dass man draußen in der Natur überall Schutz, Nahrung und andere Dinge fand, die man zum Leben braucht. Sie hatte das Überleben in der Natur von einem Meister gelernt, ihrem Stiefvater, der früher ein Wüstennomade gewesen war. Sie hatte sich die Route gemerkt, über die sie hierher gekommen waren: Von Perth aus waren sie nach Norden Richtung Mogumber gefahren und dann nach Westen zu der Siedlung abgebogen. Außerdem hatte sie immer wieder einen kurzen Moment lang die Sonne hinter den Regenwolken aufblitzen sehen, als sie mit Martha den Erkundungsspaziergang gemacht hatten. So war sie sich jetzt ganz sicher, dass sie in die richtige Richtung gingen.

Es war eine Erleichterung für die Mädchen, als sie das schlüpfrige, schlammige Ufer und das Schilf hinter sich ließen. Etwas oberhalb des Flussufers wuchsen Eukalyptusbäume, die jetzt allerdings von Wasser umspült waren. Es waren große Bäume mit geraden, weißen Stämmen und dichtem Blattwerk. Dazwischen standen dicht an dicht Teebäume, durch die sich die Mädchen nur schwer einen Weg bahnen konnten.

Als sie das überflutete Flussgebiet hinter sich ließen, kamen die Mädchen viel schneller voran. Sie gingen über flaches, feuchtes Grasland und kamen durch eine weite Ebene mit riesigen Eukalyptusbäumen, deren dicke Stämme von einer grauen oder graubraunen, flockigen Rinde überzogen waren.

Die Mädchen traten vorsichtig auf trockene und verfaulte Blütenkapseln, die von den Marri-Eukalyptusbäumen gefallen waren, und gaben Acht, dass sie nicht darauf ausrutschten. Ganz in der Nähe führte ein Stück Grasland zu einem eingezäunten Gebiet mit sandigen Hügeln, vielen Marri- und Blackbutt-Eukalyptusbäumen, Banksien und Teebäumen. Die sandige Ebene, die die Mädchen nach dem Anstieg erreichten, war mit Akaziendickicht und stacheligen Grevilleen bedeckt, die ihnen die Beine zerkratzten. Sie versuchten, alle Widrigkeiten zu ignorieren, aber angesichts der Kälte war das nicht so leicht. Sie umgingen das dornige, dichte Unterholz und bevorzugten flachen Bodenbewuchs und sandige Flächen. Mittlerweile hatten sie eine zügige, gleichmäßige Gangart eingeschlagen und hielten nur an, wenn sie durch Zäune kriechen mussten.

Molly war froh, dass Schlamm und Sumpf hinter ihnen lagen und sie nun die Heathlands erreicht hatten. Die Heathlands Westaustraliens beherbergen einige der schönsten und seltensten Wildblumen des Landes. Die Mädchen standen zwischen den Banksiabäumen und bewunderten die grandiosen Blüten der in den Sandebenen beheimateten Pflanzenarten. Ab und zu knieten sie nieder, um eine Pflanze genauer zu betrachten, wie etwa die verschiedenen Arten der Kängurupfoten mit ihren gelben, orangefarbenen, grünen und schwarzen Blüten. Am bekanntesten sind die rote und die grüne Art, die Wappenblume unseres Landes.

Sehr viele bunte und schöne Blumen gedeihen in diesem Landesteil, und da es sich um immergrüne Pflanzen handelt, gibt es hier immer irgendwelche Arten, die gerade ihre Blütenpracht entfalten.

Es begann wieder leicht zu regnen. Die Mädchen sahen zum Himmel auf und stellten fest, dass es sich nur um ein paar vereinzelte Wolken handelte, also gingen sie einfach weiter durch den lichten Wald von Banksien, Tee- und Nadelbäumen, die die flachen Sanddünen bedeckten. Nach einer Weile verzog sich der Schauer landeinwärts, und die Mädchen stampften weiter durch das dicke nasse Gras.

Molly, Daisy und Gracie versuchten, nicht auf die dunkelblauen Hügel zu achten, die in der Ferne zu ihrer Rechten lagen. Sie konzentrierten sich darauf, in gleichmäßigem, angenehmem Tempo einfach nur gen Norden zu wandern und den Blick auf das zu richten, was vor ihnen lag.

Die kegelförmigen, hell orangefarbenen, weißen, roten und gelben Banksiablüten faszinierten sie. Sie zogen die Zweige zu sich herunter, um sich die Blüten genauer ansehen zu können. Unter den Banksiabäumen war der Boden ganz von ineinander verschlungenen Kriechgewächsen, Grasbüscheln, modernden Blättern und trockenen Banksianüssen bedeckt. Es war fast unmöglich, irgendwo ein Fleckchen weißen Sandes zu finden, auf dem es leichter und schmerzloser zu gehen gewesen wäre. Wenn es regnete, war es nicht so schlimm, denn die kühlen Tropfen reinigten die Wunden und linderten den Schmerz.

Am Rande des Banksiawalds hörten sie plötzlich schwere Schritte. Es klang so, als bewege sich jemand oder etwas in ihre Richtung. Im selben Moment begann es wieder zu regnen, aber immer noch hörten sie die Schritte. Sie kamen näher. Es blitzte, und in der Ferne hörten sie Donnergrollen. Immer näher kamen die Schritte.

«Schnell!», flüsterte Molly, und alle drei Mädchen tauchten, mit dem Kopf voran, ins Gebüsch ein, legten sich flach auf den Bauch und machten sich so klein, wie sie konnten. Sie wagten kaum noch zu atmen. Starr vor Angst lagen sie unter der schützenden Decke von dichtem Gebüsch und warteten darauf, was sie gleich zu Gesicht bekommen würden. Um alles in der Welt wollte Molly vermeiden, aufgegriffen und zur Siedlung zurückgeschickt zu werden, wo ihnen eine schwere Strafe sicher war.

Die Schritte waren jetzt so nah, dass der Boden vibrierte. Die Mädchen spürten jeden einzelnen Schritt. Dann sahen sie es. Die verängstigten Mädchen trauten ihren Augen nicht, und selbst wenn sie gewollt hätten, hätten sie sich nicht mehr bewegen können. Sie konnten nur daliegen und auf das «Ding» starren, das hinter den Banksiabäumen hervortrat.

Gracie wollte den anderen etwas zuflüstern, brachte aber nur ein unverständliches Gestotter zustande. Sie versuchte es noch einmal, aber das Resultat war dasselbe. Da gab sie es auf, schloss fest die Augen und schluckte. Verzweifelt versuchte sie, ihre Angst unter Kontrolle zu bekommen. Einige Minuten nachdem das «Ding» vorbeigegangen war, dröhnten seine Schritte immer noch durch den Wald. Die Mädchen blieben auf den stacheligen Blättern liegen und überlegten, wann sie sich wohl wieder bewegen durften. Das Herz schlug ihnen bis zum Hals, und sie zitterten vor Angst.

Nach einiger Zeit fassten sie sich wieder, und die Angst ließ nach. Erst dann konnten sie wieder aufstehen, sie hörten auf zu zittern und setzten ihren Weg fort.

«Das war ein *marbu, indi dgudu*?», sagte Daisy, die noch sichtlich mitgenommen war.

«*Youay*, das war ein *marbu*», bestätigte Molly, «ein richtiger *marbu*.» Als sie sich den Furcht erregenden Anblick wieder vor Augen rief, begann sie erneut zu zittern.

Das Ding, das sie gesehen hatten, entsprach genau der Beschreibung eines *marbu*, eines Fleisch fressenden, bösen Geists mit spitzen Zähnen, wie es ihn schon seit der Traumzeit gab. Die alten Leute hatten den Kindern immer eingeschärft, dass sie davor auf der Hut sein sollten, und nun waren die drei Mädchen tatsächlich einem begegnet.

«Dieser *marbu* hatte einen komischen Kopf und sehr lange Haare. Es war wohl ein besonders großer», sagte Daisy.

Es scheint nur eine Erklärung für dieses Erlebnis zu geben: Der *marbu*, den die drei gesehen zu haben meinten, wird wohl ein besonders großer, behaarter Aborigine mit scharfen Gesichtszügen gewesen sein, der vor dem nahenden Sturm flüchtete und noch vor Beginn der Nacht sein Camp erreichen wollte. Seine riesenhafte Statur mag ein Phantasieprodukt der Mädchen gewesen sein und entsprang wohl ihrem Glauben an ein mythisches Wesen aus den Traumzeit-Sagen. Aber für die drei Kinder aus der Westlichen Wüste war diese Begegnung mit einem *marbu* real, und niemand konnte sie ihnen ausreden.

«Schnell!», drängte Molly. «Lasst uns hier weggehen!» Der Anblick des *marbu* hatte sie so verschreckt, dass auch sie Angst bekommen hatte. «Vielleicht gibt es hier noch mehrere. Es ist ein schlechter Ort, wir müssen hier weg», fügte sie ernst hinzu, und ihre Stimme zitterte. «Es wird schon dunkel. Wir müssen einen guten, sicheren Platz finden, wo wir übernachten können.»

Molly sah sich um, hielt inne und zeigte auf eine Reihe kleiner Sanddünen nahe dem Banksiawald.

Die beiden jüngeren Schwestern nickten. Sie konnten das flache, sandige Tal zu ihrer Linken sehen und setzten sich dahin in Bewegung.

«Seht mal», sagte Molly, als sie die Sanddünen erreichten, und zeigte auf eine Reihe von Kaninchenlöchern. «Wir graben uns auch eins. Wir müssen es so groß machen, dass wir alle drei hineinpassen.»

«Wir sollen in *bunna* schlafen, so wie Kaninchen, *dgu-du?*», fragte Gracie.

«*Youay*, niemand wird in einem Kaninchenloch nach uns suchen, *indi*», sagte Molly zuversichtlich.

«Das ist wahr, hier wird uns niemand finden», pflichtete Daisy ihr bei.

Alle drei hockten sich auf die Knie und gruben wild drauflos. Bald hatten sie ein verlassenes Kaninchenloch genug geweitet und vertieft, dass es ihnen, auch wenn es etwas eng war, Schutz geben und sie vor dem Regen bewahren konnte. Es war ihre erste Nacht im Busch, seit sie ihre Familien in der Pilbara verlassen hatten.

Bevor die drei Schwestern sich schlafen legten, aßen sie von den trockenen Brotkrusten und tranken das kühle klare Wasser aus den Pfützen am Grunde der Senke. Schon am Nachmittag, als sie noch unterwegs waren, hatten sie ein wenig von dem Brot gegessen.

Molly hatte ein Kaninchenloch gewählt, das sich nach Osten öffnete, denn sie hatte bemerkt, dass der Regen von Westen, von der Küste her kam. So waren sie, während sie schliefen, vor Nässe und Kälte geschützt.

Eine nach der anderen krochen sie ins Kaninchenloch, kuschelten sich aneinander und rückten sich zurecht, bis sie bequem lagen. Weil es warm war und sie die Augen kaum noch offen halten konnten, schliefen Daisy und Gracie schnell ein. Ihre Köpfe lagen auf den Baumwollbeuteln am Eingang des Kaninchenlochs, und mit den Füßen berührten sie den Sand an der Hinterwand der Höhle. Sie fühlten sich sicher.

Während ihre Schwestern schliefen, lag Molly still da und horchte auf die Regentropfen, die eintönig auf den Sand fielen. Sie war zu angespannt und musste über zu viel nachdenken, um einschlafen zu können. Dennoch fühlte auch sie sich in dem Kaninchenloch sicher. Morgen, sagte sie sich, werde ich den Kaninchenzaun finden, und er wird uns nach Hause führen, nach Jigalong. Dieser Gedanke machte ihr Hoffnung, und einige Minuten später war auch sie eingeschlafen.

Plötzlich wurden Molly und Daisy von Gracies ängstlichen Schreien geweckt: «*Dgudu*, wo bist du?»

«Ich bin hier, direkt neben dir. Was ist denn los?», fragte Molly.

«*Dgudu*, dieser *marbu*, er ist zurückgekommen und hat mich an den Haaren gezogen. Er wollte mich nach draußen ziehen», sagte Gracie zitternd und schluchzte laut.

«Scht, nicht weinen», sagte Molly und legte ihren Arm um sie. «Das war nur ein schlechter Traum. Schlaf wieder ein. Ich werde nicht zulassen, dass dir etwas passiert.»

Es gelang ihr, Gracie zu beruhigen, und bald schliefen alle wieder ein.

Am nächsten Morgen wurden die drei Mädchen sehr früh vom Getrommel der Kaninchen in den umliegenden Löchern geweckt.

«Es lohnt sich im Augenblick nicht, ein Kaninchen zu fangen», sagte Molly bedauernd.

«Warum denn nicht, *dgudu*?», fragte Gracie und wischte sich den hellgelben Sand von den Beinen. Es fiel ihr schwer, nicht an den Duft und den Geruch eines frisch zubereiteten Kaninchens zu denken.

Im nächsten Moment sah sie eins. Sie lief los, fing und tötete es.

«Warum hast du das getan?», fragte Molly verärgert. «Ich habe dir doch gesagt, dass wir nichts damit anfangen können. Wir haben keine Streichhölzer, um Feuer zu machen und es zu braten.»

Gracie erwiderte: «Aber ich habe Hunger.» Sie sah sich

nach etwas Spitzem um, womit sie das Kaninchen ausweiden könnte. Als sie nichts fand, warf sie das Kaninchen fluchend in großem Bogen fort. Dann stapfte sie wütend davon. Anstelle von geröstetem Kaninchen gab es wieder frisches Wasser aus den Pfützen und alte Brotkrusten aus der Siedlung zum Frühstück. Es war ihre zweite Mahlzeit auf der Flucht.

«*Dgudu*», jammerte Gracie, «lass uns zur Siedlung zurückgehen, sonst sterben wir noch. Bitte, lass uns zurückgehen.» Sie war immer noch ganz durcheinander von der Begegnung mit einem echten *marbu*. Vielleicht lauerten noch mehr davon in den Wäldern.

«Du willst zurück in die Siedlung?», konterte Molly scharf. «Du hast doch gehört, was sie dann mit uns machen. Sie scheren uns die Köpfe, schlagen uns und sperren uns in das winzige Gefängnis.» Sie schüttelte mahnend den Finger, während Daisy still dabeistand und zuhörte.

«Wenn du zurückgehen willst, musst du verrückt sein. Wir drei sind gemeinsam hierher gekommen, und wir werden gemeinsam nach Hause zurückkehren. Wir werden im Busch nicht umkommen», versicherte Molly der kleinen Schwester. «Also lasst uns losgehen.» Entschlossen schritt sie auf ein Akaziendickicht zu.

Aber Gracie blieb trotzig stehen. «Ich habe Hunger, *dgudu*. Ich möchte *mundu* essen und nicht bloß Brot und Wasser.»

Molly drehte sich zu der kleinen Schwester um.

«Ich weiß. Wir haben alle Hunger auf Fleisch.» Aber mehr noch, hätte sie hinzufügen können, sehnen wir uns doch nach unseren Müttern und danach, bei ihnen zu Hause zu sein. Aber das sagte sie nicht. Stattdessen ging sie zu Gracie zurück, legte ihr den Arm um die Schultern und sagte sanft: «Hab keine Angst, wir finden etwas zu essen, du wirst schon sehen. Die Landschaft hier ist ganz anders als zu Hause, deshalb müssen wir erst noch herausfinden, wie man sich hier von der Natur ernähren kann, aber das schaffen wir schon. Und jetzt komm mit, lass uns gehen.»

Schließlich ließ sich Gracie überreden, und zusammen gingen sie zu Daisy, die mit ein paar Banksianüssen spielte. Sie stand auf, als sie die beiden kommen sah, dann setzten die drei ihre Wanderung nach Norden fort.

Das Wetter änderte sich nicht. Der Himmel blieb grau, und ein kalter Wind wehte über das Buschland. Es sah ganz so aus, als werde es bald wieder regnen. Gracie und Daisy vermissten ihre Mäntel und sehnten sich nach einer Fleischmahlzeit, frischem warmem Buschbrot und süßem Tee. Immer weiter gingen sie nach Norden. Alles war nass, und nie wussten die Mädchen, was sie hinter dem nächsten Hügel erwartete.

Sie kamen zügig voran. Ohne besondere Anstrengung brachten sie Meile um Meile hinter sich. Bald kamen sie in eine Landschaft, die von Grasbäumen geprägt war. Vereinzelte Zamia-Palmen standen dazwischen und hier und da auch Marri-, Wandoo- und Mallee-Eukalyptusbäume. Die Mädchen stiegen einen Hügel hinab und sahen eine Ansammlung von hohen Eukalyptus- und Teebäumen vor sich, deren Stämme von Wasser umspült waren. Als sie den Fluss erreichten, blickten sie schweigend auf das fließende Gewässer. Sie waren auf einen Nebenfluss des Moore River gestoßen.

«Wie sollen wir über den Fluss kommen, *dgudu?*», fragte Daisy.

«Das weiß ich noch nicht», sagte Molly und suchte das Ufer nach einer geeigneten Stelle ab.

«Hier oben», rief sie kurz darauf ihren Schwestern zu. «Hier bei diesem Drahtzaun können wir ihn überqueren.

Kommt schon!» Sie stopfte das Kleid in die Hose, schlang sich den Baumwollbeutel um den Hals und kletterte auf den Zaun. «Seht ihr? Er ist stark genug für uns», sagte sie beruhigend. «Schaut mir zu und macht es dann genauso. Kommt schon!»

Langsam und vorsichtig erklommen sie den Zaun, bemüht, nicht nach unten in die braunen Fluten zu blicken. Das Wasser schäumte wild und spritzte an ihre Füße. Sie versuchten, das Rauschen zu ignorieren, und konzentrierten sich darauf, das gegenüberliegende Ufer zu erreichen. Sie fürchteten um die paar Habseligkeiten in ihren Beuteln. Es war nicht viel, aber alles, was sie besaßen – eine Hose zum Wechseln, ein Rock, ihre kleinen Spiegel, Kämme und ein Stück Lifeboy-Seife. Doch sie schafften es, alles unversehrt auf die andere Seite zu bringen.

Am zweiten Tag ihrer Flucht kamen sie in eine Gegend, die von einem gigantischen Buschfeuer verwüstet worden war. Alle Bäume und das Gras unter ihren Füßen waren schwarz und verkohlt. Doch schon bald würde der Regen auch hier neues Leben entstehen lassen. Alles würde wieder grün werden, bunte Blumen würden blühen und all die typisch australischen Tiere würden hierher zurückkehren. Schweigend erklommen die Mädchen den nächsten Hügel und sahen etwas ebenso Unerwartetes wie Willkommenes. Zwei Mardu-Männer kamen auf sie zu. Sie waren auf der Jagd gewesen und befanden sich jetzt auf dem Heimweg. Gracie und Daisy freuten sich so sehr, dass sie beinahe auf sie zugerannt wären, aber Molly hielt sie zurück und flüsterte: «Wartet!»

Also warteten die drei, bis die Männer näher gekommen waren. Als sie ihre Beute erkennen konnten, lief ihnen das Wasser im Mund zusammen: ein gebratenes Känguru und zwei große Goanna-Echsen. Diese typischen Buschmahlzeiten interessierten sie mehr als die zwei Jäger, die sich den Mädchen nun vorstellten und ihnen erzählten, dass sie aus dem Norden stammten, aus Marble Bar.

«Wohin seid ihr unterwegs?», fragte der eine Mann.

«Wir sind weggelaufen und wollen nach Haus, nach Jiga-long», sagte Molly.

«Dann seid vorsichtig. Das Land hier ist ganz anders als in unserer Heimat», sagte der ältere Mann. Er hatte weiße Haare und einen buschigen weißen Bart.

«Es gibt hier einen Polizisten, er ist auch ein Mardu. Und er ist nicht zimperlich. Wenn er ein weggelaufenes Mädchen aufgreift, so wie euch drei hier, setzt es eine ordentliche Tracht Prügel», sagte er und schaute sie sorgenvoll an, denn er war genau wie sie aus der Pilbara.

«*Youay*», sagte Molly. «Wir haben schon von ihm gehört, als wir noch in der Siedlung waren.»

«Er verfolgt alle Mädchen, die weglaufen, und bringt sie zur Siedlung zurück. Er ist ein ausgezeichneter Spurenleser, dieser Mardu», sagte der alte Mann.

«Das wissen wir. Ein Mädchen aus Port Hedland hat uns von ihm erzählt», sagte Molly. Sie war sich ganz sicher, dass der Polizist ihre Spuren nicht finden würde, weil der Regen sie ausgewaschen hatte.

Die Männer schenkten ihnen den Känguruschwanz und ein Goanna. Sie schüttelten ihnen die Hände und wandten sich schon zum Gehen, als dem jüngeren Mann noch etwas einfiel.

«Hier, die werdet ihr brauchen.» Er gab ihnen eine Schachtel Streichhölzer. Dann leerte er eine zweite und füllte sie mit Salz.

Die Mädchen dankten den Männern und verabschiede-ten sich.

«Vergesst nicht, was ich euch eingeschärft habe», sagte

der ältere Mann. «Beeilt euch! Der Polizist ist sicher schon auf der Suche nach euch.»

Es war höchst unwahrscheinlich, dass man bei diesem Wetter eine Suchaktion starten würde, dachte Molly, aber darauf verlassen mochte sie sich nicht. Von jetzt an würden sie nur noch Rast machen, wenn sie sich ganz sicher fühlte.

Daisy und Gracie fanden, dass sie an diesem Tag weit genug gekommen waren, aber die ältere Schwester bestand darauf, weiterzugehen, bis es dunkel wurde. Dann machten sich die drei daran, ein *wuungku* aus Zweigen von Bäumen und Sträuchern zu bauen. Sie suchten den Boden unter dem dichten Gebüsch ab und sammelten so viele trockene Zweige und Blätter, dass sie ein kleines Feuer machen konnten. Ihr Lager war von so vielen Bäumen und Büschen umstanden, dass sie genug Material fanden – aus ihrer kargen Heimat, der Westlichen Wüste, waren sie das gar nicht gewohnt. Jedes Mädchen kam mit einem Arm voll Holz zum Lager zurück und legte es zum Trocknen auf den Boden. Sie glaubten, einen so sicheren Ort gefunden zu haben, dass sie das Feuer die ganze Nacht über brennen lassen konnten. In der Mitte des Lagerplatzes hatten sie ein Loch gegraben, in dem sie das Feuer entfachten. Sie aßen Känguruschwanz, Goanna und die letzte Brotkruste, dazu tranken sie Regenwasser. Dann legten sie Feuerholz nach und schliefen warm und bequem in ihrem einfachen Buschlager neben dem Feuer ein.

Am nächsten Morgen wachten die Mädchen von dem Geflatter und Gezwitscher unzähliger Vögel auf. Es hatte zu regnen aufgehört, aber der Wind wehte immer noch stark, und es war kalt. Die Wolken hingen wie große Baumwollballen am Himmel, hier und da brach die Sonne zwischen ihnen hindurch.

Zum Frühstück aßen sie die Reste vom Vortag und tranken frisches Wasser dazu. Als sie fertig waren, harkten sie das übrig gebliebene Feuerholz auseinander, löschten das Feuer, bedeckten es mit nassem Sand und zogen weiter. Molly sah zum Himmel hinauf. «Bald wird es wieder regnen», sagte sie zufrieden und zeigte nach Westen, wo die lockeren weißen Wolken von dunklen Regenwolken vertrieben wurden. «Macht euch nichts draus. Das ist gut, weil der Mardu-Polizist uns dann nicht folgen kann. Wir hinterlassen keine Spuren. Der Regen spült sie weg.»

Fürs Erste waren sie also in Sicherheit. Trotzdem spornte Molly ihre Schwestern zur Eile an.

«Los, los, geht ein bisschen schneller! Der Regen ist noch weit weg.» Sie hoffte, dass sie Recht hatte, denn sie wollte bis zum Abend eine große Wegstrecke zurücklegen. Trotz des Regens und des sandigen Bodens hatten sie bis jetzt zwischen 24 und 30 Kilometer pro Tag geschafft. Ihnen allen war klar, dass sie noch weiter in die Wildnis vorstoßen und ohne Unterbrechung so weit wie irgend möglich kommen mussten, solange es hell war. Um die Mittagszeit bekamen sie Hunger. Gracie stampfte schlecht gelaunt mit den Füßen und begann zu trödeln. Plötzlich verfing sie sich in dem dichten Gestrüpp der Kriechpflanzen, verlor das Gleichgewicht und fiel unsanft auf den nassen Boden. Jammernd und schimpfend blieb sie liegen.

«Wir werden sterben. Wir haben nichts mehr zu essen.»

«Oh, sei still und hör auf zu jammern!», fuhr Molly sie an, während sie ihr hoch half. «Wir müssen uns beeilen.»

Molly verlor langsam die Geduld mit der jüngeren Schwester. In der gegenwärtigen Lage hatte sie keinen anderen Gedanken, als möglichst schnell möglichst weit zu kommen. Je weiter sie bei diesem Wetter kamen, desto geringer war die Gefahr, wieder eingefangen zu werden. Sich zu verlaufen oder im Kreis umherzuirren, konnte das Ende der Flucht bedeuten. Immer wieder ermahnte sie die Schwestern, den Mut nicht zu verlieren und ihre Angst zu überwinden. Die Gegend, in der sie sich jetzt befanden, barg kaum Gefahren, denn um diese Jahreszeit lauerten hier keine Giftschlangen.

Gracie reagierte eingeschnappt und weigerte sich, mit den anderen zu sprechen. Sie folgte Molly und Daisy wie in Trance, den Blick stur geradeaus gerichtet, sah nicht nach rechts und nach links, schwieg und schmollte. Plötzlich rief Molly ganz aufgeregt: «Seht mal, da hinten!»

Sofort vergaß Gracie ihre schlechte Laune. «Was ist denn, *dgudu*?», fragte sie neugierig.

Molly zeigte ihnen den Kaninchenbau in den Sanddünen, den sie entdeckt hatte.

«Schlafen wir etwa wieder in einem *bunna*, *dgudu*?», fragte Gracie.

«Nein», sagte Molly. «Wir fangen uns ein paar Kaninchen zum Essen.»

Die Mädchen hatten seit dem Morgen nichts gegessen, und jetzt war später Nachmittag. Der Kaninchenbau war ein aufregender Fund. Die Aussicht auf eine Mahlzeit beflügelte die Mädchen sehr, denn sie waren wirklich hungrig.

«Wir blockieren alle Ausgänge, außer dem in der Mitte. Verstanden?», sagte Molly. Alle drei machten sich an die Arbeit, genau so, wie Molly es vorgeschlagen hatte. Sie setzten sich leise hinter ein Akaziengebüsch und warteten.

Es dauerte eine Ewigkeit, bis die Kaninchen herauskamen. Erst eins, dann zwei, dann vier, dann immer mehr.

«Jetzt», sagte Molly. «Los!» Sie sprang auf und jagte die Tiere, und die anderen halfen ihr. Molly und Gracie konnten sehr schnell laufen. Jede von ihnen fing ein Kaninchen, Daisy dagegen, die X-Beine hatte, entwischten alle. Sie bekam nicht einmal das lahmste Tier zu fassen.

Es war schon recht dunkel, als sie einen geeigneten Platz für ein Nachtlager fanden. Gut gelaunt machten die Mädchen ein riesiges Feuer in einem Erdloch und garten die Kaninchen in der Asche, nachdem sie sie notdürftig mit einem spitzen grünen Stock ausgeweidet hatten. Eins der Tiere aßen sie zum Abendbrot und tranken Wasser aus einer Senke in den Kalkfelsen nahe dem Lager. Das andere Kaninchen hoben sie fürs Frühstück auf.

Am nächsten Morgen stand Molly früh auf und fachte das verlöschende Feuer wieder an, während die anderen noch eine Stunde länger in dem bequemen Unterschlupf liegen blieben und weiterschliefen. Molly wärmte sich am Feuer und lauschte den Geräuschen des Flachlands.

Bachstelzen mit ihren wippenden Schwänzen und andere wunderschöne Vögel flogen zwischen Büschen und Bäumen umher, aber sie vermisste die Geräusche der Finken und Kakadus, die sie aus der Heimat gewohnt war.

Der Gedanke an ihr Zuhause machte ihr bewusst, wie weit sie es noch hatten und dass sie sich beeilen mussten.

«Kommt, steht auf!», sagte sie. «Wir können hier nicht den ganzen Tag vertrödeln. Wir haben noch einen weiten Weg vor uns.»

Ihre Schwestern reagierten nicht, also forderte sie sie noch einmal auf, endlich aufzustehen.

«Bewegt euch, kommt schon!», drängte sie und teilte das Kaninchen in drei Stücke.

«Ist gut, wir kommen ja schon», sagte Daisy und rüttelte die schlafende Gracie.

Als die beiden Schwestern nach dem Essen griffen, sagte Molly: «Esst nicht alles auf. Hebt euch was für später auf.»

Beide nickten und bissen in das zähe Fleisch des längst kalt gewordenen Kaninchens. Nach dem Frühstück tranken sie Wasser aus der Senke, wuschen sich Hände und Gesicht, trockneten sich an den Baumwollbeuteln ab und setzten ihren Weg über die sandigen Hügel und durch die Banksia-wälder mit ihren Akaziendickichten und dem dichten Heidekraut fort. Hier und da standen große Marri- und Mallee-Eukalyptusbäume.

Molly war froh, dass Bäume und Sträucher hier so dicht wuchsen, weil sie den Mädchen guten Sichtschutz boten. Im Gegensatz zu ihrer kargen Heimat gedieh die Vegetation hier geradezu üppig.

Es war ein schöner Morgen. Friedlich lag die Landschaft vor ihnen. Die Sonne schien durch die Wolken, und die Regentropfen auf den Blättern und Spinnweben funkelten wie Diamanten. Die Mädchen konnten das tiefer gelegene Grasland sehen. Bald würden sich die saftig grünen Wiesen in ein Meer aus Löwenzahn verwandeln. Ein unbeteiligter Beobachter hätte meinen können, die Mädchen befänden sich auf einem Wochenendausflug in den Busch. Ganz entspannt wanderten sie dahin. Dann blieben sie plötzlich stehen und hielten den Atem an. Wie auf Kommando versteckten sich alle drei hinter einem Busch und blinzelten vorsichtig hindurch, um alles aus sicherer Entfernung zu beobachten.

Auf einer Lichtung standen die zwei größten und dunkelsten Kängurus, die sie je gesehen hatten.

«Seht bloß! Sie stehen ganz aufrecht und kämpfen wie Männer», flüsterte Molly. «Aber sie können uns hier oben nicht sehen.»

«Ich habe Angst, *dgudu*», sagte Gracie.

«Ich auch», sagte Daisy und rückte näher an die große Schwester heran.

Der Anblick der mächtigen Tiere ängstigte die jüngeren beiden, und auch Molly merkte, wie die Furcht wieder in ihr aufstieg vor dem unbekannten Land, durch das sie sich bewegten, aber das wollte sie nicht zulassen.

«Lasst uns weitergehen. Wir schleichen um die Kängurus herum. Sie können uns nicht sehen, wenn wir hinter diesem Gebüsch entlang kriechen», flüsterte sie. «Aber behaltet sie die ganze Zeit im Auge, bis zum Ende der Lichtung. Seid ihr bereit? Dann los jetzt!» Molly kroch auf Händen und Knien los. Es tat sehr weh, weil die trockenen Zweige und Blätter auf dem Boden sie stachen. Sie versuchte, den Weg für die jüngeren Schwestern freizuräumen.

Die Mädchen waren sehr erleichtert, als sie den nächsten Viehzaun zwischen sich und die Tiere gebracht hatten. Erst dann fühlten sie sich wieder sicher. Sie setzten sich auf einen umgekippten Baumstamm und versuchten, sich von dem Schreck zu erholen.

«Diese Kängurus waren viel größer als die zu Hause, *indi, dgudu*», sagte Gracie immer noch ganz eingeschüchtert, «und angriffslustig sind sie noch dazu.»

Sie saßen eine Weile schweigend da. Plötzlich riss Molly Gracie an den Armen hoch.

«Lauf unter den großen Baum da!», schrie sie und zeigte auf einen mächtigen Banksiabaum. «Kletter rauf und versteck dich! Du auch, Daisy. Schnell, schnell!»

Sie rannten los. Die Kleinen taten sich mit dem Klettern schwer, und Molly half ihnen. Sie schob sie auf die Äste und verbot ihnen, sich zu bewegen, bevor sie es ihnen erlaubte.

Obwohl sich die beiden Jüngeren keiner Gefahr bewusst waren, gehorchten sie, ohne zu fragen. Sie vertrauten Molly. Bisher hatte sie sich als eine gute Führerin erwiesen. Ihre Disziplin und ihr Mut hatten sie bis jetzt nicht verlassen.

Da hockten sie also auf den rauen Ästen und wagten nicht, sich zu bewegen. Sie warteten und horchten. Schließlich hörten sie von fern ein Motorengeräusch. Es war ein Suchtrupp, der per Flugzeug nach den weggelaufenen Mädchen Ausschau hielt. Die Mädchen hielten still, solange das

Flugzeug über ihnen kreiste. Nach einer Weile gab der Pilot auf und drehte bei. Einige Zeit verging, ehe Molly sagte, sie könnten ihr Versteck nun verlassen und vom Baum herunterklettern. Als sie wieder festen Boden unter den Füßen hatten, beschleunigten sie ihre Schritte und hielten sich in der Nähe von Bäumen, für den Fall, dass sie wieder in Deckung gehen mussten. Schweigend bewegten sie sich vorwärts, konzentrierten sich auf verdächtige Bewegungen und den Weg, der noch vor ihnen lag. Keine von ihnen bemerkte, wie sich das Wetter veränderte, bis sie vom nächsten Schauer überrascht wurden. Erst dann sahen sie, dass die Sonne nicht mehr schien. Nichts als dunkle Regenwolken waren am Himmel zu sehen. Einen Unterschlupf fanden sie nicht, und bald waren sie bis auf die Haut durchnässt, und ihre Haare troffen. Sie waren schon am Verzweifeln, als sie höchst willkommene Geräusche hörten, die sie schmerzhaft vermisst hatten.

Es war Mittag, und was sie hörten, waren das Gegacker von Geflügel, quietschende Windräder und bellende Hunde. All das erinnerte sie an die Farmen von Jigalong, Walgun und Murra Munda, aber vor allem ließen diese Geräusche sie an die geliebten Menschen denken, die dort wohnten. Doch noch stärker als diese Gedanken war der Hunger. Sie liefen auf das Farmhaus zu.

«Geht hinein und bittet die Missus um etwas zu essen. Beeilt euch. Ich warte hier», sagte Molly und setzte sich hinter den dicken Stamm eines Marri-Eukalyptus.

Daisy und Gracie machten sich widerspruchslos auf den Weg, denn sie waren sehr hungrig, und die Aussicht auf etwas Nahrhafteres als das, womit sie sich schon so lange hatten begnügen müssen, war sehr verlockend. Die letzten Stücke Kaninchenfleisch, die vom Frühstück übrig geblieben waren, hatten sie längst verzehrt.

Langsam gingen sie auf das Farmhaus zu und blickten sich dabei immer wieder um. Die bellenden Hunde waren in der Nähe der Hundehütten angekettet, aber sie machten den Mädchen trotzdem Angst. Schnell liefen sie an ihnen vorbei. Sie öffneten das Holztor und standen einer Vierjährigen gegenüber, die auf einer großen Veranda spielte.

«Kommt rein», sagte die Kleine freundlich und öffnete die Haustür. «Ich heiße Susan.» Dann ging sie ins Haus.

«Mummy», rief sie. «Da draußen sind zwei Mädchen, und sie sind ganz nass.»

Daisy und Gracie waren der Einladung nicht gefolgt, sondern blieben schüchtern auf der Veranda stehen. Das Wasser tropfte aus ihren Kleidern auf den Holzfußboden der Veranda.

Susans Mutter kam an die Tür und fragte: «Seid ihr die Ausreißerinnen von der Siedlung?»

«Ja», erwiderten sie leise.

«Wo ist die dritte?», fragte die Frau.

«Sie wartet draußen hinter dem großen Baum, auf der anderen Seite des Zauns», sagte Gracie.

«Geh und hol sie, damit sie sich abtrocknen kann, während ich euch etwas zu essen mache.»

Als die Mädchen zögerten, fügte die Frau hinzu: «Habt keine Angst, ich werde euch nicht anzeigen.» Da lief Gracie in den Regen zurück, um Molly in die warme Küche zu holen.

Mrs. Flanagan, so hieß die Farmerin, hatte am Dienstagnachmittag einen Anruf von Mr. Neal erhalten, dem Vorsteher der Siedlung Moore River. Er hatte sie gebeten, die Augen offen zu halten und ihm Bescheid zu sagen, wenn sie die drei Ausreißerinnen sehen sollte. Mrs. Flanagan stellte den Mädchen viele Fragen. Vor allem wollte sie wissen, wohin sie eigentlich wollten.

«Wir suchen den Kaninchenzaun. Wenn wir ihn gefunden haben, wollen wir daran entlanggehen, bis wir in Jigalong sind», sagte Molly.

«Na, dann geht ihr aber in die verkehrte Richtung. Der Kaninchenzaun liegt nicht im Norden. Ihr müsst euch nach Osten halten, Richtung Ayres Find und Wubin. Wenn ihr weiter nach Norden geht, landet ihr in einer der Küstenstädte, Dongara oder Geraldton.»

Mrs. Flanagan machte ihnen dick mit Lammfleisch und Tomaten-Chutney belegte Sandwiches. Wie gebannt starrten die Mädchen darauf. Der Anblick war überwältigend. Schon beim Hinsehen konnten sie das kalte Fleisch und das krosse Brot fast schmecken. Als Mrs. Flanagan fertig war, verschlangen sie die Sandwiches gierig. Danach gab es große Stücke Obstkuchen und süßen Tee mit Milch. Die Mädchen waren satt und zufrieden und fühlten sich in der warmen, trockenen Farmhausküche so wohl, dass sie ganz müde wurden.

Sie sahen zu, wie Mrs. Flanagan braune Papiertüten für sie packte. Sie tat Teeblätter, Zucker, Mehl, Salz, eine halbe Lammkeule, ein großes Stück Obstkuchen und Brot hinein. Dann nahm sie drei große leere Obstdosen und sagte: «Die benutzt ihr zum Teekochen. Am besten steckt ihr sie in eure Beutel. Seid ihr auch satt geworden?»

«Ja, danke», sagten die Mädchen. Beinahe hätten sie «Missus» hinzugefügt.

«Gut. Kommt mit, ich gebe euch trockene Kleider und Mäntel.» Sie führte die Mädchen zu einem großen Schuppen hinüber, in dem sich ein Lagerraum befand. Landmaschinen, Werkzeug und Getreide waren dort untergebracht. Mrs. Flanagan holte Armeeuniformen aus einem Schrank, einen Mantel für Molly und Jacken für Gracie und Daisy.

«Hier, nehmt die auch», sagte sie und reichte den Mädchen ein paar Getreidesäcke. «Ihr könnt sie als Regencapes benutzen und euch damit vor dem kalten Wind schützen.»

Sie zeigte ihnen, wie man Capes aus den Säcken machen konnte, indem man eine Spitze nach innen stülpte und sie in die andere drückte. Den Mädchen war schön warm in den Armeesachen und den Sackcapes. Und sie waren wieder trocken.

Als Mrs. Flanagan die drei Mädchen kurz darauf ins offene Waldland ziehen sah, fragte sie sich, ob sie nicht gerade einen Fehler begangen hatte. Sie waren doch viel zu jung, um sich allein im Busch herumzutreiben. Und wenn sie darin umkämen? Sie waren mit diesem Landesteil überhaupt nicht vertraut. Und dann trugen sie nur Kleider. Ein Wunder, dass sie sich nicht längst erkältet oder, schlimmer noch, eine Lungenentzündung hatten. Sie musste Mr. Neal doch verständigen, zum Besten der Kinder. Sonst verirrten sie sich noch und starben im Busch. Es war ihre Pflicht.

Entschlossen ging sie ins Haus zurück, griff zum Telefonhörer, wählte eine Nummer, horchte und sagte dann zu der jungen Frau von der Vermittlung: «Guten Tag, Christine. Hat Kath Wilson ihr Baby schon bekommen?»

»Nein, noch nicht», erwiderte die junge Frau. «Aber es muss jederzeit so weit sein.»

Nach ein paar Minuten war Mrs. Flanagan bestens über alles informiert, was die Bewohner der näheren Umgebung betraf.

«Christine», sagte sie, «kannst du bitte ein Telegramm an Mr. Neal schicken, den Vorsteher der Eingeborenensiedlung Moore River?»

«Ja. Bleib bitte einen Moment dran.»

Nach dem Telefonat kochte sich Mrs. Flanagan in dem sicheren Bewusstsein eine Kanne Tee, dass sie das Richtige getan hatte. Den Mädchen aus dem Nordwesten wäre es nicht besser ergangen als den anderen Ausreißerinnen vor ihnen, sagte sie sich. Sobald sie die Eisenbahnlinie erreichten, würden sie sich an die Gleise setzen und auf einen Zug warten, dann würde man sie entdecken und zur nächsten Polizeiwache bringen. Bis jetzt waren die Ausreißerinnen alle gefasst worden.

Nach dem Besuch im Farmhaus beschlossen die drei Schwestern, es weiter so zu halten: Wenn sie wieder zu einer Farm kamen oder zu einem Haus, das zu einer Siedlung gehörte, würden Daisy und Gracie hineingehen und um etwas zu essen bitten, während sich Molly in sicherer Entfernung versteckte und alles beobachtete. Tatsächlich sollten sie bei diesen Gelegenheiten auf der gesamten Wanderung nirgends abgewiesen werden. Was sie auf diese Weise erbettelten, sicherte ihnen das Überleben auf dem langen Weg nach Haus.

Molly beschloss, zunächst noch einige Kilometer weiter nach Norden zu wandern, um etwaigen Verfolgern zu entgehen, die Mrs. Flanagan vielleicht doch verständigt hatte.

«Wir gehen da entlang», sagte sie und zeigte nach Nordosten. «Nicht nach *kukarda*. Die *midgerji* weiß jetzt, wohin wir wollen. Wir hätten es ihr nicht sagen sollen», fügte sie bedauernd hinzu. «Vielleicht stehen sie ja schon am Kaninchenzaun, um uns abzufangen. Aber macht euch keine Sorgen, wir werden nicht in diese Falle tappen. Erst mal gehen wir in diese Richtung.»

Sie kamen schnell voran und schützten sich mit ihren Capes aus Getreidesäcken und den Uniformjacken vor Kälte und Regen.

Sie hatten genug Verpflegung für ein oder zwei Tage. Wenn sie sich also beeilten, brauchten sie nur einen sicheren Platz für ein Nachtlager zu suchen und sich dort warm und trocken einzurichten.

Immer noch befanden sie sich in den küstennahen Heath-lands, wo nur hier und da Büsche und niedrige Bäume stan-den. Das Grasland mit den vereinzelten hohen Bäumen und Eukalyptuswäldern hatten sie hinter sich gelassen. Sie hat-ten sich inzwischen an die flache Küstenlandschaft gewöhnt und einen Blick für ihre Schönheit bekommen. Besonders die Wachsblumen gefielen ihnen und die zarten, weißen Blüten der Teebäume.

Der trockenere nördliche Teil der Heathlands mit seinen unbewachsenen weißen und grauen Sandflächen stellte die Mädchen vor ein Problem. Es gab keine großen Bäume mit dichtem Blattwerk, unter dem sie sich vor Suchtrupps ver-stecken konnten.

Die einsetzende Dämmerung und anhaltender Sprühregen zwangen sie, sich nach einem Lagerplatz für die Nacht um-zusehen.

«Hier!», sagte Molly, als sie an ein Gebüsch kamen. «Das ist ein guter Platz für unser Nachtlager. Los, beeilt euch, und helft mir, Zweige abzubrechen.»

Innerhalb weniger Minuten hatten sie einen schützenden, stabilen Unterschlupf unter den Büschen gebaut. Dann sam-melten sie trockene Zweige und Blätter zum Verbrennen.

Das Feuer wärmte sie, während sie sich das üppige Abendbrot aus Lammfleisch, Brot, Obstkuchen und süßem schwarzem Tee schmecken ließen. Die Wärme und das Es-sen hob ihre Stimmung wieder, sie redeten und lachten. Das hatten sie in den letzten Tagen sehr vermisst. Bald machte sie die Hitze schläfrig. Sie zogen sich in den Unterschlupf zu-rück und schliefen sofort ein.

Am nächsten Morgen war der Himmel blau. Es regnete zwar nicht, aber es tropfte noch von Bäumen und Büschen, das Wasser versickerte im Sand und zwischen dem Laub. An jedem Grashalm hingen Tropfen. Schon der Anblick ließ die

Mädchen frösteln. Sie hatten keine Lust, den schützenden Unterschlupf zu verlassen. Gracie und Daisy waren als Erste aufgewacht, aber sie warteten, bis die große Schwester aufwachte und Feuer machte, dann standen auch sie auf.

«In meiner Obstdose hat sich so viel Wasser gesammelt, dass wir Tee kochen können», sagte Molly.

Gracie schaute zu, wie die große Schwester Fleisch, Brot und Kuchen so gerecht aufteilte, wie es mit bloßen Händen möglich war. Sie hatten ja kein Messer. Um den Zucker im Tee zu verrühren, brachen sie einen Eukalyptuszweig ab und benutzten ihn als Löffel.

Während die drei Ausreißerinnen im Busch ihr Frühstück einnahmen, verbreitete sich die Nachricht im ganzen Land. Mrs. Flanagan war nicht mehr die Einzige, die wusste oder ahnte, wo sie sich aufhielten. Der ganze Staat erfuhr es, als am 11. August 1931 ein Artikel im *West Australian* erschien:

VERMISSTE EINGEBORENENMÄDCHEN
Der Oberste Schutzbeauftragte für die Aborigines, Mr. A. O. Neville, sorgt sich um drei Eingeborenenmädchen im Alter von acht bis fünfzehn Jahren, die vor einer Woche aus der Eingeborenensiedlung Moore River bei Mogumber entlaufen sind. Wie Mr. Neville gestern erklärte, waren sie erst kürzlich aus dem Distrikt Nullagine dort eingeliefert worden. Da sie sehr schüchtern seien, habe die neue Umgebung ihnen offenbar Angst eingeflößt, und sie seien in der Hoffnung geflohen, nach Hause zurückkehren zu können. Einige Bewohner von New Norcia haben gesehen, wie sie sich in nordöstlicher Richtung fortbewegten. Es ist anzunehmen, dass sich die Mädchen von bewohnten Gebieten fern halten. Mr. Neville erklärte, er sei jedem dankbar, der ihn umgehend informiere,

wenn er die Mädchen sehe. «Seit einer Woche suchen wir landauf, landab nach ihnen», so Mr. Neville, «und die einzige Spur, die wir von ihnen haben, ist ein getötetes Kaninchen, das sie wohl essen wollten. Wir machen uns große Sorgen, dass sie im Busch zu Schaden kommen könnten.»

«Wir gehen nach *kukarda*», sagte Molly, griff nach ihrer Obstdose und goss den übrig gebliebenen Tee auf das Gras. «Aber erst füllen wir unsere Dosen mit Wasser für unterwegs.»

In einigen Metern Entfernung entdeckte Molly eine Vertiefung im Lehmboden, in der sich trübes braunes Wasser gesammelt hatte. Es sah ganz gut aus, aber sie wollte erst prüfen, ob es auch wirklich trinkbar war. Sie tauchte ihre Hand hinein und nahm einen Schluck. Ja, trotz seiner Färbung war es in Ordnung.

Die Mädchen ließen nun das Buschland hinter sich und gelangten in das landwirtschaftlich genutzte Gebiet des nördlichen Weizengürtels. Wieder kam ein Farmhaus in Sicht. Sie näherten sich dem Haus sehr vorsichtig und machten es wie bei den vorigen Malen. Dieses Mal bekamen sie so reichlich zu essen und so viel Proviant mit auf den Weg, dass er ein paar Tage vorhalten würde.

Zufrieden und mit vollen Bäuchen gingen die drei weiter, bis es dunkel wurde und sie sich einen Unterschlupf für die Nacht bauten. Seit sie auf der Flucht waren, hatten sie sich angewöhnt, nur noch von Sonnenuntergang bis zum ersten Morgengrauen zu schlafen, und so wollten sie es halten, bis sie zu Hause angekommen waren.

An diesem Abend unterhielten sie sich noch eine Weile am Feuer, ehe sie sich in den Unterschlupf schlafen legten. Sie sprachen über die Landschaften, durch die sie gekommen waren, das Waldland mit den majestätischen Marri- und

Wandoo-Eukalyptusbäumen, die Banksiabäume der sandigen Küstenebene. Sie hatten einen schokoladenbraunen Fluss gesehen, sie waren durch Sümpfe gewatet, und sie hatten glasklare Wasserflächen berührt, in denen es vor schwarzen Kaulquappen nur so wimmelte.

Dass sich die Wasserfarbe mit der Bodenbeschaffenheit änderte, hatte ihr Interesse geweckt. In den Lehmsenken war es milchig weiß, und wo das Land rauer und steiniger war, sah es rosa oder beige aus. Am meisten aber hatten sie die komischen Bäume beeindruckt, die nahe der Siedlung wuchsen, und die Grasbäume mit den rissigen schwarzen Stämmen und den Büscheln grüner, binsenähnlicher Blätter, die oben aus den Pflanzen wuchsen.

Als sie in dieser Nacht auf der Erde lag und über die Tagesereignisse nachdachte, überlief es Molly kalt. Ihr wurde klar, dass der Weg durch unbekanntes Gebiet noch sehr, sehr lang sein würde.

Am nächsten Tag gingen sie durch die Brandschneisen auf den Feldern und kamen gut voran. Auf einer Weide grasten Schaf- und Rinderherden.

«Sieh mal, *dgudu*», sagte Gracie ganz aufgeregt und zeigte auf die weißen Lämmer.

Die beiden jüngeren Schwestern betrachteten die niedlichen Tiere ganz verzückt, und wie alle kleinen Mädchen hätten sie sie am liebsten gestreichelt und mit ihnen geschmust. Doch gab es für sie etwas Wichtigeres zu tun; viele Meilen lagen noch vor ihnen, und die Zeit drängte.

Daisy und Gracie schauten sich noch einmal um, bevor sie in ein Tal hinabstiegen. Vor ihnen wechselten sich Weizenfelder und Brachland ab, und ganz in der Ferne ragten vereinzelte rote Felsen aus der Erde.

Alles war ruhig und friedlich, Vögel sangen, und die Sonne schien wieder zwischen pudrig weißen Wolken. Der Regen hatte aufgehört, und Vorräte waren auch noch genügend da, doch nun stellte sich ein neues Problem: Die Kratzer, die sie sich im stacheligen Buschland an den Beinen zugezogen hatten, entzündeten sich und taten sehr weh.

Sie versuchten, die Schmerzen zu ignorieren, als sie abends in ihren Unterschlupf zwischen Akazien und Eukalyptusbäumen krochen, und lieber auf die Geräusche des Buschlands zu horchen. Es war kalt geworden, und die drei sehnten sich nach einem großen Feuer. Beim Einschlafen hörten sie einen Fuchs bellen, gleich darauf blökten ein paar Lämmer. Dann folgte das tiefere Blöken der Mutterschafe, die ihre Jungen vor dem Fuchs beschützten.

Im Morgengrauen standen sie auf und frühstückten im Gehen. Nach mehreren Kilometern stießen sie auf einen großen, abgestorbenen Marri-Eukalyptus, der lodernd brannte. Schnell gingen sie um ihn herum und verschwanden im Gebüsch.

Drei Tage nachdem der Artikel im *West Australian* erschienen war, schrieb Constable Rowbottom von der Polizeiwache Dalwallinu in einem Bericht, dass er «bezüglich der Flucht von drei Eingeborenenmädchen aus der Siedlung Moore River» eine telefonische Nachricht von einem Mr. Lyons, einem Farmer aus Ost-Damboring, erhalten habe, der zufolge «er gerade im *West Australian* gelesen habe, dass drei Eingeborenenmädchen in der vergangenen Woche ausgerissen seien. Die Kinder seien am Samstag zu seiner Farm gekommen, und er habe ihnen etwas zu essen gegeben. Danach seien sie über seine Weiden nach Osten Richtung Burakin gegangen. Er habe sie gefragt, woher sie kämen, aber sie wollten es ihm nicht sagen. Die Älteste trug einen khakifarbenen Armeemantel, die anderen beiden khakifarbene Armeejacken.»

Die örtliche Polizei wurde umgehend informiert. Am

Nachmittag desselben Tages erhielt Constable Rowbottom ein dringendes Telegramm aus Perth. Es war von Mr. Neville, dem Obersten Schutzbeauftragten für die Aborigines, in dem er den Colonel autorisierte, «alle zur Ergreifung der Mädchen nötigen Schritte zu unternehmen». Daraufhin fuhr dieser sofort mit dem Wagen nach Ost-Damboring, um auf allen Farmen an der Straße nach Burakin die Leute zu befragen.

Ein Farmer in Burakin, ein Mr. Roche Jr., hatte ein Feuer an der Südgrenze seines Landes bemerkt und sich gefragt, was es zu bedeuten habe. Als er am nächsten Tag zu der Stelle fuhr, sah er, dass ein Baum gebrannt hatte, und rings um den Baum fand er Spuren von nackten Füßen.

«Es war nicht möglich, den Spuren zu folgen, da es in der Nacht von Montag auf Dienstag so stark geregnet hatte, dass sie sich verloren hatten», schrieb Constable Rowbottom in seinem Bericht.

Niemand hatte die Ausreißerinnen in der kleinen Stadt Burakin gesehen. Offenbar hatten sie die Stadt umgangen, wahrscheinlich im Osten, um bei Ballidu auf den Kaninchenzaun zu stoßen. Weitere verdächtige Feuer wurden in der Gegend nicht gemeldet. Der abgestorbene Baum war wohl vom Blitz getroffen worden. Tatsächlich hatten Molly, Daisy und Gracie immer darauf geachtet, dass man ihr Feuer nicht von fern sehen konnte. Sie hatten Gruben für ihre Feuerstellen ausgehoben und die Asche bedeckt, bevor sie weiterzogen.

In den folgenden Tagen wurden noch zahlreiche Telegramme und Berichte geschrieben, aber die Mädchen wanderten unbeirrt weiter. Sie wussten ja nichts von den Polizei-Suchtrupps. Sie hatten keine Ahnung, dass sie ihren Verfolgern und einer drohenden Gefangennahme nur wenige Tage voraus waren.

Im Laufe der Woche begannen die Wunden an ihren Beinen zu eitern. Die Mädchen waren inzwischen seit über einem Monat unterwegs. Der rote Lehmboden lag hinter ihnen, die Mallee-Eukalyptus- und Akazienbäume, die Weizenfelder und das grüne Weideland. Jetzt sah die Landschaft ganz anders aus: Die Erde war hier rot, und mächtige Mulgabäume, Gidgies und die wunderbar hellgrünen Kurrajongbäume hoben sich vom Graugrün der übrigen Vegetation ab. Unter Büschen und Bäumen bildeten immergrüne Pflanzen einen dichten Teppich; ihre Knospen würden in wenigen Wochen aufblühen. Statt grün würde dann alles ein Rausch aus Rosa, Weiß und Gelb sein.

So eine Landschaft war Molly, Daisy und Gracie von zu Hause her vertraut. Sie konnten nun auf die uralten Überlebensstrategien ihrer nomadischen Vorfahren zurückgreifen, um ihren Verfolgern zu entgehen. Aber der Weg war weit.

«Meine Beine brennen, *dgudu*», sagte Gracie. «Ich kann nicht mehr.»

«Meine auch», jammerte Daisy.

«Meine Beine tun auch weh», sagte Molly. «Aber wir können nicht hier bleiben, wir müssen weiter. Ich trage zuerst Daisy ein Stück, dann ruhe ich mich eine Weile aus, danach nehme ich dich, Gracie.»

Die beiden Kleinen waren einverstanden.

Natürlich kamen sie so nur recht langsam und mühsam voran, aber sie hielten durch. Solange Molly sich vom Tragen ausruhte, wechselten sich die jüngeren Schwestern ab, erst trug die eine die andere, dann umgekehrt.

Um mögliche Informanten zu täuschen, umrundeten sie die Farmen, bei denen sie etwas zu essen holen wollten, bevor sie auf die Häuser zugingen. Sie verließen die Farmen dann in die entgegengesetzte Richtung, umrundeten sie erneut, prüften, ob ihnen keiner folgte, und wenn die Luft rein war, nahmen sie ihren ursprünglichen Weg wieder auf. In die Städte wagten sie sich gar nicht mehr.

Eines späten Nachmittags liefen sie so dahin und ließen sich von der milden Wintersonne bescheinen. Es war einer jener Tage, an denen man sich seines Lebens freut. Die Ausreißerinnen sogen förmlich die Energie ihrer Umgebung auf und fühlten sich eins mit allem, was um sie herum atmete und lebte. Ihr Glück wäre vollkommen gewesen, hätten ihnen die Beine nicht so wehgetan. Außerdem hatten sie nichts mehr zu essen. Molly ging den anderen voraus, als sie sich plötzlich unter die Kurrarabäume duckte, einen kleinen Stein aufhob und ihn zu Daisy und Gracie hinüberwarf. Die beiden sahen auf, und Molly gab ihnen gestikulierend zu verstehen, sie sollten zu ihr kommen und sich hinsetzen.

«Seht mal da drüben, eine Scheune! Sie gehört zu einer Farm», flüsterte sie. «Geht hin und versucht, etwas zu essen zu bekommen.»

Die beiden Schwestern waren diese Art Aufforderung inzwischen gewohnt. Aus ihrem sicheren Versteck zwischen Bäumen und Büschen beobachtete Molly, wie sie auf die Scheune zugingen. Daisy spähte durch einen Spalt in der Holztür und sah, dass niemand in dem Gebäude war.

«Komm her!», rief sie Gracie zu. «Die Luft ist rein.» Dann schob sie den Riegel von der Tür.

Es war nur eine Blechhütte mit einem Schutzzaun aus Astwerk davor. Drinnen standen zwei Feldbetten, ein Tisch, und rundherum lagen ein paar leere Dosen. Daisy und Gracie suchten eilig Tisch und Regale ab und fanden Streichhölzer, Mehl, Salz und drei große alte Milchdosen.

Sie öffneten die Deckel mit einem Schlachtermesser, das sie auf der groben Sitzbank fanden, und waren überwältigt von dem Aroma, das den Dosen entströmte. Sie wussten nicht, wann sie so etwas zuletzt gerochen hatten. Da sie seit dem Frühstück nichts gegessen hatten, waren sie sehr hungrig und griffen mit beiden Händen tief in das Bratfett hinein.

«Das schmeckt köstlich», sagte Daisy und tauchte die Finger noch einmal hinein.

«Wir müssen uns beeilen», sagte Gracie und sammelte die gefundenen Schätze zusammen.

«Komm schon!», drängelte sie und schlüpfte zur Tür hinaus. Daisy fand noch einen Kochtopf, der unter dem Tisch stand. Sie sammelte die anderen Sachen ein und folgte ihrer Schwester nach draußen.

Sie schafften es gerade eben bis zu den Kurrarabäumen, wo Molly auf sie wartete, da mussten sich beide schon übergeben. Als Molly hörte, was sie getan hatten, sagte sie: «Ihr dummen Dinger! Man darf das *dgingi* nicht einfach so essen. Ihr seht ja, dass man davon krank wird.» Ungeduldig wartete sie ab, wie sich die beiden Jüngeren entleerten.

«Geht's euch jetzt besser?», fragte sie. Die beiden nickten. «Dann lasst uns jetzt weitergehen.»

Daisy und Gracie erholten sich so weit, dass sie sich wieder aufrichten und im Gänsemarsch hinter der älteren Schwester hergehen konnten, weiter in Richtung Kaninchenzaun.

An diesem Abend aßen sie heißes Buschbrot, dessen Teig sie auf einem sauberen Rock geknetet hatten, und tranken süßen schwarzen Tee. Dann legten sie sich zum Schlafen in ein ausgetrocknetes Flussbett. Diese einfachen Mahlzeiten ähnelten denen zu Hause, vor allem wenn sie Vögel, Vogeleier, Kaninchen oder Eidechsen fanden, mit denen sie die magere Kost ergänzen konnten. Ihre eitrigen Wunden taten immer noch weh, und sie hatten nichts, womit sie den Schmerz lindern konnten. Doch trotz der Schmerzen gingen sie immer weiter und blieben dabei, sich abwechselnd gegenseitig zu tragen. Nur Molly wurde nie getragen, weil sie größer und schwerer war als die anderen beiden.

Eines Tages um die Mittagszeit, als die Sonne hoch am azurblauen Himmel stand, hörten Daisy und Gracie, wie Molly vor ihnen plötzlich ganz aufgeregt losschrie.

«Da ist er. Ich habe ihn gefunden. Kommt und seht ihn euch an!» Sie lachte und warf die Arme in die Luft.

«Was ist denn?», fragte Gracie. «Warum schreist du so?»

«Ich habe den Kaninchenzaun gefunden. Da!» Molly zeigte auf den Zaun. «Er wird uns den Weg nach Jigalong weisen.»

«Aber woher willst du wissen, dass es der Kaninchenzaun ist, *dgudu*?», fragte Daisy und blickte die Schwester skeptisch an. Für sie sah er wie ein ganz gewöhnlicher Zaun aus, sie konnte nichts Besonderes daran entdecken.

«Er geht immer geradeaus», sagte Molly. «Seht ihr? Und auf beiden Seiten ist das Gebüsch gestutzt.»

Sie musste es ja wissen. Immerhin war ihr Vater der Zauninspekteur, und er hatte ihr viel von seiner Arbeit erzählt. Jetzt würde ihnen dieser Zaun helfen, den Weg nach Hause zu finden. Ganz aufgeregt liefen die Mädchen auf den Zaun zu.

Seit ihrer Kindheit wusste Molly, dass der Zaun für das Volk der Mardudjara aus der Westlichen Wüste auf seiner Wanderung nach Süden eine wichtige Landmarke gewesen war. Die Mardudjara hatten gewusst, dass sie, sobald sie die Billanooka-Farm erreicht hatten, nur noch dem Kaninchenzaun zu folgen brauchten, um ans Ziel zu kommen, nach Jigalong, dem damals einzigen Außenposten des weißen Mannes in der Wüste. Der Zaun durchschnitt das Land von Süden nach Norden. Mit ihm hatten die Weißen ein Problem lösen wollen, das von ihnen selbst verursacht worden war. Aber der Versuch der damaligen Regierung, der Kaninchen-

plage auf diese Weise Herr zu werden, war gründlich fehlge-
schlagen.

Für die drei Ausreißerinnen jedoch war der Zaun ein
Symbol für Liebe, Heimat und Sicherheit.

«Wir sind fast zu Hause», sagte Molly, «jetzt ist der Rest
einfach.» Wie hätte sie wissen sollen, dass sie gerade einmal
die Hälfte des Weges hinter sich hatten? Noch fast achthun-
dert Kilometer lagen vor ihnen.

Molly war wild entschlossen, es bis Jigalong zu schaffen,
und nichts konnte sie aufhalten. Sie erneuerte diesen Schwur,
als sie den Zaun wie einen alten Freund begrüßte, indem sie
den kalten Draht wieder und wieder berührte.

«Wir gehen jetzt am Zaun entlang, bis wir in Jigalong
sind», sagte sie zuversichtlich. Der Zaun würde sie durch die
Wildnis, durch all die fremden Landschaften und schließlich
nach Haus führen.

Im Laufe des Nachmittags kamen sie auf eine Lichtung
zwischen Mulga- und Gidgibäumen. Sie umstanden gerade
ein paar Löcher, die viel versprechend nach *murrandus* aussahen, als sie einen Mann rufen hörten: «Hey, ihr Mädchen
da! Bleibt stehen!» Die Stimme kam von dem Weg, der direkt am Zaun entlangführte.

Die Mädchen schauten auf und sahen einen Aborigine,
der auf einem Pferd saß. Alle drei rannten in den Busch,
ohne auf ihre schmerzenden Beine zu achten.

«Lauft nicht fort! Ich will mit euch reden», rief der Mann.

Sie blinzelten durch das dichte Akaziengebüsch und sahen, dass er mit einer Hand etwas hochhielt, während er mit
der anderen zu ihnen herüberwinkte.

«Seht mal, ich habe etwas zu essen für euch», rief er.
«Kommt schon, ihr braucht keine Angst zu haben.»

Der Hunger war stärker als die Angst.

Der Mann hieß Don und sagte, er arbeite auf der Pindathuna-Farm. Er teilte Büchsenfleisch und Brot mit den Mädchen und gab ihnen eine Schachtel Streichhölzer.

«Wo wollt ihr hin?», fragte er.

«Wir folgen der Eisenbahnlinie nach Wiluna», antwortete Molly.

Don Willocks, so hieß der Viehhüter, meldete den Vorfall seinem Boss. Der rief Constable Robert Larsen von der Polizeiwache Yalgoo an, welcher folgenden Bericht schrieb:

Der Viehhüter Don Willocks berichtet, er habe Spuren auf einer Weide der Pindathuna-Farm bemerkt, die offenbar von zwei weiblichen Personen stammten. Er folgte den Spuren am 4. 9. 1931 und traf auf drei weibliche Eingeborene, die entlang des Kaninchenzauns nach Norden wanderten. Er gab an, dass ... eine etwa acht Jahre alt war und die anderen beiden älter. Alle trugen Khakikleidung und dunkle Mäntel oder Jacken. Jede hatte ein Bündel bei sich und eine zusätzlich einen Kochtopf.

Die Spur der Mädchen hatte Willocks schon einige Tage zuvor auf einer Weide entdeckt, aber es sah aus, als stammte sie von zwei Personen, die in schlechtem Zustand waren, denn offenbar konnten sie die Füße nicht heben und schleiften sie über den Boden. Willocks hielt es für ratsam, nach ihnen Ausschau zu halten, um ihnen zu helfen.

Als er auf sie traf, stellte er mit Erleichterung fest, dass ihnen nichts fehlte. Die Schleifspuren kamen daher, dass eines der Mädchen immer das dritte trug.

Constable Robert Larsen von der Polizeiwache Yalgoo hatte schon früher einen Suchtrupp nach den Ausreißerinnen angeführt. Daher war er ganz versessen darauf, Willocks' Hinweisen nachzugehen. Endlich konnte er Inspektor Simpson von der Polizei in Geraldton berichten, dass man Kontakt zu den Mädchen aufgenommen hatte.

Von der Noongal-Farm wurde ein Spurenleser namens Ben geholt, und er und Larsen fuhren am 5. September 1931 nach Pindathuna, um Willocks abzuholen. Die Männer konnten jedoch keine Spuren finden, weil es in der Nacht heftig geregnet hatte. Trotzdem bewegte sich der Suchtrupp noch mehrere Kilometer am Kaninchenzaun entlang und suchte weiter. Als dort nichts zu finden war, verlegte man die Suche auf eine Route etliche Meter parallel zum Zaun und machte dort weiter, bis es dunkel wurde. Dann errichteten die Männer ein Nachtlager. Am nächsten Morgen fuhren sie mit der Suche fort und fanden frische Spuren. Dennoch brachen sie die Suche bald ab, weil der Spurenleser wunde Füße bekam und Larsen, der am Tag darauf einen Gerichtstermin hatte, beschloss, nach Yalgoo zurückzukehren.

Sie beendeten die Suche etwa 28 Kilometer nördlich der Dalgaranga-Farm. Sie konnten nicht wissen, dass die Mädchen über den Kaninchenzaun geklettert und ein ganzes Stück zurückgelaufen waren, um Tiere zu fangen. Dann waren sie auf demselben Weg zum Ausgangspunkt zurückgekehrt.

In seinem Bericht an Simpson schrieb Larsen:

Offenbar folgen die Mädchen dem Zaun nach Nullagine, sodass man sie am nächsten Posten abfangen kann. Zweifellos hat es die Mädchen erschreckt, als sie Willocks bei Pindathuna begegneten. Sie müssen fürchten, dass er Meldung erstattet. Ich vermute jedoch, dass sie sich wieder beruhigen, wenn sie eine Zeit lang unbehelligt weiter am Zaun entlangwandern können. Auf jeden Fall können sie unmöglich in demselben Tempo weitermarschieren, nachdem sie an zwei Tagen zirka 40 Meilen zurückgelegt haben.

Molly, Daisy und Gracie wussten nun, dass sie, obwohl inzwischen wieder auf gewohntem Terrain, auch hier nicht sicher vor den Behörden waren. Sie wussten, dass sie jederzeit, Tag und Nacht, gefangen genommen und zur Siedlung zurückgeschickt werden konnten. Es war zu riskant, eine Pause zu machen und die gefangenen *murrandu* zu kochen.

Anfang September verschärfte die Polizei die Suche nach den Mädchen, und alle Hinweise auf ihren Aufenthaltsort wurden an die Polizeistationen im Norden weitergeleitet. So informierte Constable Summers beispielsweise am 8. September Constable Fanning über das Telefonnetz der Eisenbahn darüber, dass die Mädchen dem Zaun folgten und demnächst in Nannine und Gumtree Creek auftauchen würden.

Constable Larsen hielt Inspektor Simpson über die Suche auf dem Laufenden. «Der Spurenleser Ben ist der Überzeugung, dass die Mädchen getötet werden, wenn sie auf die Schwarzen in Sandstone treffen, da diese keine anderen Eingeborenen auf ihrem Territorium dulden. Es handelt sich um einen sehr bösartigen Stamm.»

Die Mädchen waren jetzt seit fünf Wochen unterwegs und ernährten sich von Wasser und dem, was sie im Busch fanden. Sie schliefen nachts nur noch wenige Stunden unter Buschwerk. Farmen und deren Außenposten mieden sie, und obwohl es nachts sehr kalt wurde, zündeten sie kein Feuer mehr an. Dass ihnen die Flucht gelingen könnte, hielten ihre Verfolger für unmöglich. Inspektor Simpson schrieb in einem Bericht: *Wenn die Mädchen nicht aufgegriffen werden, fürchte ich um ihre Sicherheit und ihr Leben, sobald sie Gum Creek auf der alten Straße zwischen Nannine und Wiluna erreichen. Es scheint mir sicher, dass sich die Mädchen an Abschnitt 8 des Kaninchenzauns entlangbewegen, bis er auf Abschnitt 1 trifft, der nach Nullagine führt. Wasser und genießbare Tiere sollten um diese Jahreszeit ausreichend vorhanden sein, aber die Sicherheit der Mädchen ist in Gefahr, je weiter sie nach Norden vorstoßen.*

Eines Tages erblickten die Mädchen auf einer Lichtung in der Nähe des Zauns einen Emu und seine sechs schwarz-weiß gestreiften Küken. Während Daisy ganz still hinter einem Baum stand, liefen Molly und Gracie los und fingen je ein Küken. Der große Emu wollte sie angreifen, gab aber schnell wieder auf, um seine überlebenden vier Küken in Sicherheit zu bringen.

Im Schutz eines Akaziengebüschs warteten die drei Mädchen ab, ob jemand den Aufruhr bemerkt hatte. Aber nichts regte sich, und so begannen sie die Emuküken zu rupfen und fürs Abendessen zuzubereiten. Dazu gab es Buschbrot und bitteren schwarzen Tee, da sie keinen Zucker mehr hatten.

Nach dem Essen schliefen sie unter einem dichten Gebüsch. In der Nacht träumte Molly, sie und ihre Schwestern würden von einem berittenen schwarzen Spurenleser und einem ebenfalls berittenen Polizisten verfolgt. Sie sah die beiden auf großen grauen Hengsten am Zaun entlangreiten und von Norden her auf sie zukommen. Sie kamen immer näher, immer näher, und als sie fast bei den Mädchen waren, wachte Molly auf, schweißüberströmt und zitternd vor Angst. Und dann hörte sie die Männer. Es war kein Traum gewesen. Sie hörte die Hufschläge von Pferden.

Molly rüttelte die anderen beiden wach. «Bleibt liegen und seid leise», flüsterte sie, immer noch zitternd. «Ich glaube, da kommen ein Polizist und der Mardu-Spurenleser.»

Sie lagen auf dem Bauch, wagten nicht, sich zu bewegen, und beobachteten, wie die Männer langsam an ihnen vorbeiritten.

Molly setzte sich auf, seufzte erleichtert und sagte: «Das waren nur Farm-*yowadas*, keine Polizisten.»

Es war noch dunkel. Der Himmel begann gerade erst im Osten etwas heller zu werden. Die ersten Vögel flogen zwitschernd umher.

«Wir essen unterwegs», entschied Molly, und sie machten sich schnell in Richtung Meekatharra auf den Weg.

Bald erreichten sie den Stadtrand und hörten die Geräusche von Menschen, die ihrem Tagwerk nachgingen, das Rangieren der Güterzüge und andere Geräusche, die die Mädchen nicht deuten konnten.

«*Dgudu*, lass uns nach Meekatharra gehen und jemanden um *midka* für unterwegs bitten», sagte Gracie. «Die alte Lady Minnie, ihr wisst schon, die früher auf der Ethel-Creek-Farm gearbeitet und dann den alten Mann aus Nullagine geheiratet hat, sie wird uns helfen», meinte sie hoffnungsvoll.

«Nein», sagte Molly entschlossen. «In der Stadt wimmelt es von Polizisten. Sie nehmen uns fest und schicken uns nach Moore River zurück. Nein, nein, wir machen um die Stadt einen Bogen.»

Daisy sagte nichts. Sie war es gewohnt, dass die beiden miteinander stritten, und ließ sich nicht davon stören.

Eine Woche später, am 13. September, verließ Constable Penn von der Polizeiwache Meekatharra in Begleitung eines Spurenlesers namens Jacky die Wache und fuhr zu der Straße, die von Meekatharra nach Nannine führt, bis zu der Stelle, wo Abschnitt 5 des Kaninchenzauns die Straße kreuzt. Sie nahmen eine gründliche Durchsuchung der ganzen Umgebung vor, neben der Straße und in beide Richtungen des Zauns sowie im umliegenden Buschland, um Spuren der Mädchen zu finden.

Die Männer suchten auf beiden Seiten des Zauns ein sehr unwegsames Gelände auf einer Länge von zirka 16 Kilometern ab, bis es Nacht wurde. Dann schlugen sie ein Lager auf.

Am nächsten Morgen setzten die Männer ihre Arbeit fort. Es war ohnehin schwierig und gefährlich, durch diese urwüchsige Landschaft zu streifen, aber angesichts der schweren Regenfälle war es ganz und gar unmöglich, mit dem Wagen weiterzukommen. Penn kehrte mit leeren Händen nach Meekatharra zurück.

Die Stimmung der Mädchen hob sich, als sie der Heimat von Tag zu Tag näher kamen. Sie erreichten die Bahngeleise in der Nähe der Mount-Russel-Farm einige Tage nachdem sie an Meekatharra vorbeigekommen waren. An dieser Stelle beschloss Gracie, dass sie vom Umherstreifen in der Wildnis und von der Buschnahrung endgültig genug hatte.

«Ich gehe zu der Farm und spreche mit den Leuten, die da arbeiten», verkündete sie wild entschlossen ihren Schwestern. Schon wenig später kehrte sie zurück: «Ich habe mit einer Frau gesprochen, einer *muda-muda*, und sie hat mir gesagt, dass meine Mummy nicht mehr auf der Walgun-Farm arbeitet, sondern nach Wiluna gezogen ist.» Sie war ganz aufgeregt. «Die Frau will auch nach Wiluna. Ich fahre mit ihr, wenn der nächste Zug kommt.»

Gracie hatte vom Laufen schlicht und einfach genug, ihre Füße waren ganz wund. Der Anblick des endlosen Zauns war ihr zu viel geworden. Sie weigerte sich strikt weiterzugehen.

«Ich will nicht sterben», sagte sie zum Abschied. «Ich fahre zu meiner Mutter nach Wiluna.»

Alles Bitten und Betteln der Schwestern half nichts. Für Gracie schien es eben viel einfacher, in einen Zug zu steigen, als zu Fuß weiter nach Jigalong zu marschieren.

Nachdem alle Versuche, Gracie umzustimmen, gescheitert waren, setzten Molly und Daisy sich Richtung Norden in Bewegung und nahmen die Wanderung nach Jigalong, dem isolierten Außenposten am Rande der Wüste, wieder auf.

Molly fiel es sehr schwer, Gracies Entscheidung zu akzeptieren, aber sie wusste selbst, dass es nach Wiluna nicht so weit war wie nach Jigalong.

Bis zum Mittag stiegen die Temperaturen beträchtlich, es war der heißeste Tag, seit sie die Eingeborenensiedlung verlassen hatten. Die Mädchen zogen Mäntel und Jacken aus und beschlossen, am Ufer eines Baches Rast zu machen. Er führte nicht viel Wasser, aber es reichte, um ihren Durst zu stillen und den Kochtopf zu füllen, damit sie einen Wasservorrat hatten, bis sie wieder zu einer Windmühle oder einem Brunnen entlang der Canning Stock Route kamen.

Molly war sehr erschöpft, nicht nur vom Wandern und dem Schlafmangel. Die Auseinandersetzung mit Gracie hatte ihr zugesetzt. Sie fand eine bequeme Stelle am Ufer, wo keine Steine oder Felsbrocken lagen, streckte sich aus und schlief bald ein.

Daisy hatte in einem Fluss-Eukalyptusbaum am Ufer ein Vogelnest gefunden. Es gehörte einem rosa-weißen Kakadu, und vier piepende Küken saßen darin. Während die ältere Schwester schlief, kletterte Daisy auf den Baum, nahm drei von den Küken und tötete sie eins nach dem anderen, indem sie ihnen die dünnen Hälse umdrehte. Dann warf sie sie vom Baum. Als sie nach dem letzten Küken griff, fiel sie herunter und schürfte sich das Knie auf. Es tat sehr weh, und sie rieb die wunde Stelle, um den stechenden Schmerz zu lindern. Das half aber nichts. Da wurde sie wütend und schimpfte laut vor sich hin. Davon ging der Schmerz zwar auch nicht weg, aber es erleichterte sie.

Plötzlich hörte sie eine Männerstimme.

«Hey, wo ist deine große Schwester?»

«Was?», sagte Daisy und drehte sich um. Es war ein junger Mann, ein *muda-muda*, der wie ein Farmarbeiter gekleidet war. Er stand auf einem Felsbrocken, der neben einem großen Fluss-Eukalyptusbaum aus dem Boden ragte.

«Ich habe gefragt wo deine große Schwester ist», rief er. «Sag ihr, sie soll zu mir kommen. Ich habe schon von euch gehört, ihr seid von der Eingeborenensiedlung ausgerissen, von Moore River.» Er kam auf Daisy zu.

Daisys Knie tat noch weh, und sie begann den Mann zu beschimpfen und ihm mit einer Mischung aus Englisch und Mardu *wangka* zu sagen, was er sie mal könne. Dann bückte sie sich, hob ein paar größere Steine auf und bewarf ihn damit.

Er duckte sich und rannte im Zickzack davon, um nicht getroffen zu werden. Als der junge Viehhüter auf sein Pferd stieg, rief er wütend über die Schulter: «Okay, du Miststück, wart's nur ab! Ich sage der Polizei Bescheid.»

Molly war von dem Geschrei aufgewacht und kam schnell angelaufen. «Was ist los?», fragte sie. «Warum schreist du so?» Als Daisy ihr alles erzählt hatte, fluchte Molly.

«Dieser Schweinehund!», sagte sie und bekam es mit der Angst zu tun. Ein Mann, der sich von einem kleinen Mädchen angreifen und in die Flucht schlagen ließ, machte seine Drohung sicher wahr.

«Komm, lass uns schnell weitergehen», drängte Molly.

Sie sammelten die Küken ein und rupften sie im Gehen. Der rote Boden war eben, aber steinig und unwegsam. Die Mädchen gingen immer weiter, bis es dämmerte und die Schatten lang wurden. Sie fanden eine Stelle, an der sie sich sicher fühlten. Dort machten sie ein Feuer, um die Küken zu garen.

Seit der Begegnung mit dem Farmarbeiter waren die beiden Schwestern noch vorsichtiger als vorher. So kurz vor dem Ziel wollten sie kein Risiko mehr eingehen.

Der Klimawechsel erlaubte ihnen, schneller voranzukommen, da es tagsüber länger hell war. Die Mädchen standen früh auf, und bevor es wieder dunkel wurde, hatten sie eine weite Strecke zurückgelegt. Sie waren jetzt in vertrautem Territorium und wussten genau, wohin sie gehen mussten.

Etwas südlich der Farm 594 an der Canning Stock Route entdeckten sie eine Tierhöhle. An den frischen Spuren erkannten sie, dass es sich nicht um Kaninchen, sondern um eine Wildkatze handelte. Molly griff nach einem dicken Stock und begann zu graben, während Daisy mit ihrem Stock auf die Höhle schlug.

Das fette Tier zerkratzte Molly Hals und Arme, aber das konnte sie nicht aufhalten. An diesem Abend gab es Wildkatze zu essen, und fürs Frühstück blieb auch noch etwas übrig.

Molly und Daisy waren froh, als sie über den Grenzzaun der Farm 594 kletterten. Es war eine Rinderfarm südlich von Jigalong, und Verwandte von ihnen wohnten hier. Die Mädchen hatten kein Mehl, kein Wasser und keinen Tee mehr. Sie zwangen sich, schneller zu gehen, und versuchten, die Windmühle im Süden der Farm möglichst bald zu erreichen.

An diesem Abend hatten sie nichts zu essen, stattdessen tranken sie so viel Wasser, bis ihnen schlecht wurde und sie das Gefühl hatten, sie würden gleich platzen. Da sie nicht schlafen konnten, beschlossen sie, weiter in Richtung Farm 594 zu gehen. Es war Vollmond und sehr hell. Irgendwann waren sie dann doch zu erschöpft, um weiterzugehen, und sie machten es sich im groben Sand eines Flussbetts so bequem wie möglich. Sie schliefen sofort ein.

Beim ersten Morgengrauen wachten sie auf, und der Hunger trieb sie zur Farm. Als die Camps der Farmarbeiter in Sicht kamen, wären sie am liebsten gerannt, aber dazu fehlte ihnen die Kraft. Sie wussten genau, wo ihre Tante wohnte, da sie sie früher manchmal besucht hatten. Die Tante, eine Schwester von Mollys Stiefvater, begrüßte sie auf traditionelle Weise, indem sie zusammen mit ihnen die Menschen beweinte, die seit ihrem letzten Treffen gestorben waren.

«Wo kommt ihr her? Was habt ihr gemacht?», fragte sie.

Die Tante und auch die anderen Verwandten konnten kaum glauben, was die Mädchen erzählten. Sie staunten über ihre Geschichte und waren voller Bewunderung.

«Ihr armen Mädchen, ihr seid ja verrückt! Ihr hättet im Busch umkommen können, und niemand hätte gewusst, was aus euch geworden wäre!» Die Tante begann laut zu weinen.

Dankbar genossen die Schwestern das warme Bad, das man ihnen machte; es war das erste, seit sie Moore River verlassen hatten. Seither hatten sie sich immer an Windmühlen und Wasserlöchern gewaschen. Das Abendessen mit Rindfleischeintopf und selbst gebackenem Brot weckte ihre Lebensgeister vollends. Die Tante füllte ihnen große Berge Eintopf auf die Teller, aber Molly und Daisy konnten nur kleine Portionen zu sich nehmen, da ihre Mägen unterwegs geschrumpft waren.

«Macht euch darüber keine Sorgen», beruhigte sie die Tante. «Wenn ihr erst mal wieder zu Hause seid, kommt alles wieder in Ordnung. Eure Mütter päppeln euch schon wieder auf. Ihr seid viel zu dünn geworden.»

Nach dem Essen saßen alle am Feuer, und die Mädchen erzählten bis spät in die Nacht von ihren Erlebnissen. Dann streckten sie sich auf die bequemen Betten und schliefen ein.

Am nächsten Tag wachten sie erfrischt und ausgeruht auf. Es ging ihnen so gut, dass sie von jetzt an keine Angst mehr hatten, festgenommen zu werden oder zu verhungern.

«Es ist nicht mehr weit, *dgudu*», sagte Daisy.

«Ich weiß. Bald sind wir zu Hause», sagte Molly.

Sie würden ihr Ziel innerhalb der nächsten drei oder vier Tage erreichen. Die Mädchen hatten ihre Ängste überwunden und bewiesen, dass sie in der Wildnis überleben konnten. Um das zu schaffen, braucht man ein klares Ziel und starken Willen – sie hatten beides.

Zum ersten Mal seit sieben Wochen brauchten sich die Mädchen nicht zu beeilen oder im Gehen zu essen. Sie genossen es, länger zu schlafen und spät zu frühstücken. Sie brauchten nicht beim ersten Tageslicht aufzustehen und ließen sich schmecken, was die Tante für sie zubereitet hatte – kleine, saftige Steaks, selbst gebackenes Brot und süßen Tee mit Dosenmilch.

Nach dem Frühstück kam ihr Cousin Joey, der als Instandsetzungsarbeiter am Kaninchenzaun beschäftigt war, auf einen Becher Tee herüber.

«Mein Boss und ich reisen heute nach Jigalong zurück, sobald der Boss mit Frühstücken fertig ist», sagte er.

Binnen fünf Minuten waren Molly und Daisy reisefertig und warteten nur noch auf Joeys Startsignal. Sie brauchten nicht lange zu warten. Sie nahmen ihre Baumwollbeutel, die inzwischen dieselbe Farbe hatten wie die rote Erde, und schlossen sich den beiden Männern an. Noch einmal drehten sie sich zur Tante um und winkten ihr zum Abschied.

«Ihr könnt euch dieses Dromedar teilen und bis Jigalong abwechselnd darauf reiten», sagte Ron Clarkson, der Vorarbeiter, und streichelte das Tier. Das Dromedar hob den Kopf, sah sich um und kaute ungerührt weiter. Ron ging auf sein eigenes Dromedar zu.

Daisy stieß ihrer Schwester in die Seite und zeigte auf das Dromedar. «Ist das ein Männchen oder ein Weibchen, *dgudu*?», fragte sie.

«Das weiß ich nicht. Solange es am Boden liegt, kann ich es nicht erkennen. Warte, bis es aufsteht, dann kann ich es dir sagen.»

Nur zu gut hatten die Mädchen die aggressiven, spuckenden und beißenden Dromedare in Erinnerung, die sie aus Jigalong kannten.

«Reite du zuerst. Ich laufe, und wenn ich müde werde,

wechseln wir, okay?», sagte Molly und half Daisy auf den Rücken des Tieres.

Daisy war einverstanden und gab dem Dromedar die Befehle, die ihr Ron Clarkson beibrachte.

«Es ist ein Weibchen», sagte Molly, als sich das Tier langsam erhob. Beide Mädchen waren froh, dass man ihnen keinen aggressiven Bullen gegeben hatte.

«Seid ihr bereit?», fragte der Boss.

«Ja», sagten die Mädchen und folgten ihm langsam über das Farmgelände zum Tor hinaus. Über die steinige Ebene, in der vereinzelte Büschel von Stachelkopfgras, Akazienbüsche und dürre Mulgabäume standen, ging es in Richtung Kaninchenzaun.

Daisy gefiel das Reiten, und sie genoss es, die vorüberziehende Landschaft von oben zu betrachten.

Die erste Pause wurde mittags am Lake Nabberu zwischen den Farmen 494 und Mundiwindi gemacht. Sie aßen gegrillte Steaks mit Brot und tranken Tee. Bis zum Nachmittag ruhten sich die vier Reisenden im kühlen Schatten der Fluss-Eukalyptusbäume aus.

Bei Sonnenuntergang erreichten sie das Camp von Bob George, dem Besitzer der Farm 494, und seiner Frau Ibby nahe dem Kaninchenzaun. Hier aßen sie zu Abend und verbrachten die Nacht. Am nächsten Morgen brachen sie um sieben Uhr auf und setzten die Reise nach Norden fort.

Die Sonne ging gerade unter, als sie das Tor der Munda-Mindi-Farm passierten, etliche Kilometer westlich vom Kaninchenzaun. Dort schlugen sie ihr Nachtlager auf.

«Ihr drei bleibt hier. Ich bin bald zurück», sagte Ron Clarkson und band sein Dromedar an den Zaun.

Joey, Molly und Daisy sammelten Feuerholz, setzten sich ans Feuer, und die Mädchen ließen sich von Joey Neuigkeiten aus der Verwandtschaft erzählen. Eine halbe Stunde spä-

ter kam Joeys Boss mit einem Pappkarton voll Brot, gekoch-
ter Kartoffeln, Rindfleisch in Dosen und einem Wassersack
zurück.

«Hier, kocht euch Tee.» Die drei nickten. Joey band den
Kochtopf von seinem Bündel los, füllte ihn mit Wasser aus
dem Wassersack und setzte ihn aufs Feuer. Molly und Daisy
fanden, dass es die beste Mahlzeit war, die sie seit langem
eingenommen hatten.

Nach dem Essen saßen sie um das lodernde Feuer und erzählten Geschichten, bis sie müde wurden und sich ein Stück
vom Feuer entfernt zum Schlafen niederlegten. Die Mädchen teilten sich eine Decke. Bald würden sie wieder bei ihren Familien sein und die Mutter wiedersehen, genau wie
Gracie. Sie fielen in einen traumlosen Schlaf.

Am nächsten Morgen gab es Brot und Marmelade, gesal-
zenes Rindfleisch und süßen schwarzen Tee – ein herrliches
Frühstück. Danach war Molly mit Reiten an der Reihe, und
Daisy lief neben ihr her.

Die Landschaft war Daisy vertraut, und es machte ihr
Spaß, der großen Schwester all die Stellen zu zeigen, wo ihre
Familie schon einmal ein Lager aufgeschlagen hatte und wo
reichlich Nahrung zu finden war. Ihr Stiefvater und ihre
Onkel hatten immer mehr als genug für die ganze Familie
von der Jagd mitgebracht.

Mittags machten die vier Rast, aßen etwas und ruhten
sich aus. Sie befanden sich am Savory Creek ganz in der
Nähe des Ortes, an dem Molly geboren worden war. Dann
wandten sie sich nach Norden, um die letzte Etappe der
Heimreise anzutreten. Es war ein wunderbares Gefühl.

Eines Spätnachmittags im Oktober 1931 gingen die vier
Reisenden schweigend und gedankenverloren am Kaninchenzaun entlang durch die Ebene. Nur ab und an wurde
die Stille von Krähengeschrei unterbrochen, und hin und

wieder hörte man die Dromedare mit dem Schwanz nach den quälenden Buschfliegen schlagen.

Jetzt konnte Molly Daisy die Stellen zeigen, die für sie mit besonderen Erlebnissen verbunden waren. Es war wie eine Reise in die Erinnerung. Als sie in der Nähe ihres Geburtsortes vorbeikamen, trieb ihr die Erinnerung an die Kindheit Tränen in die Augen.

«Du kannst jetzt reiten», sagte sie. Sie hatte genug von dem Dromedarrücken.

«Gut», sagte Daisy erfreut. Ihr machte es nichts aus, den Rest des Weges zu reiten.

Je näher sie ihrem Ziel kamen, desto aufgeregter wurden sie. Beide Mädchen betrachteten mit großen Augen die vertraute Landschaft, die rote Erde, das trockene Stachelkopfgras und die graugrünen Mulgabäume. Für sie gab es nichts Schöneres als diese Ebene, die sich in alle Himmelsrichtungen ausdehnte.

In der Ferne konnten sie die schwarzen Hügel erkennen, wo ihre Familien nach *girdi-girdis* und *murrandus* auf die Jagd gingen. Sie liefen jetzt direkt auf das Camp zu. Die Hunde bellten, Menschen riefen sich gegenseitig etwas zu und zeigten auf sie. Einige saßen am Flussufer und jammerten still vor sich hin. Aber alle Augen waren auf die müden Reisenden gerichtet: Ein Onkel der Mädchen gehörte auch zu den Zaunarbeitern. Er hatte schon gehört, dass Molly und Daisy auf dem Heimweg waren, und den Ältesten davon erzählt.

Am Ufer des Jigalong Creek, nahe den Lehmhütten des Postens, nahmen die vier Reisenden Abschied voneinander, und jeder strebte seiner Familie zu. Langsam gingen Molly und Daisy auf die Lagerplätze ihrer Mütter zu, wo die Familien schon saßen und auf ihre Heimkehr warteten.

Zuerst hörte man sie leise lamentieren, dann wurde das

Geräusch immer lauter, weil immer mehr Menschen hinzu-
geströmt kamen.

Der Vorarbeiter war schon fast hinter den Hütten ver-
schwunden, als er sich noch einmal umdrehte und rief:
«Kommt zum Laden! Sicher bekommt ihr eine Extraration.»

«Ja, ist gut», antworteten sie schüchtern, aber keine
nahm das Angebot an, denn am nächsten Tag zogen ihre Familien noch in der Morgendämmerung von Jigalong fort. Sie
hatten nicht die Absicht zurückzukehren, ehe sie nicht abso-
lut sicher sein konnten, dass die Mädchen vor Regierungsbeamten und Polizei in Sicherheit waren.

Molly und Daisy mochten nicht einmal daran denken,
dass man sie nach Moore River zurückschicken könnte. Der
Marsch nach Hause war nicht einfach gewesen. Er hatte
Monate gedauert, und nichts und niemand sollte das Glück
zerstören, das sie jetzt empfanden. Endlich hatten sie ihr
Ziel erreicht und waren wieder bei ihren Familien. Sie hatten große Risiken auf sich genommen. Der Eingeborenensiedlung zu entfliehen galt als schweres Vergehen. Wenn
man sie wieder einfing, würde man ihnen die Haare ab-
schneiden oder Säcke als Kleider geben und ihnen andere
schwere Strafen auferlegen.

Die Aufgabe, Molly und Daisy festzunehmen, fiel wieder
Constable M. J. Riggs von der Polizeiwache Nullagine zu.
In seiner Funktion als Schutzbeauftragter für die Aborigines
hatte er die drei Mädchen aus Jigalong abgeholt und sie
nach Marble Bar begleitet. Wie er nun seine Vorgesetzten informierte, hatte er erfahren, dass die Mädchen für längere
Zeit nicht nach Jigalong zurückkehren, sondern sich weiter-
hin bei den Eingeborenen in der Gegend von Lake Naboroo
aufhalten würden.

Und wieder wurden eifrig Briefe ausgetauscht.

Ich hörte von dem zuständigen Constable in Nullagine, dass die drei Halbblutmädchen noch nicht wieder gefunden wurden.

Ich fürchte, Sie werden sie auch nicht mehr finden, denn inzwischen dürften sie sich auf vertrautem Territorium befinden, wo sie sich praktisch unauffindbar machen können. Selbst wenn man per Zufall auf sie stoßen sollte, könnte man sie nicht festhalten, es sei denn, man isolierte sie voneinander oder sperrte sie ein. Aber Letzteres wäre für sie wohl schlimmer als das Versteckspiel im Busch.

Hochachtungsvoll
Arthur T. Hungerford
Schutzbeauftragter für die Aborigines
Jigalong Depot, 10. 11. 31

An den Obersten Schutzbeauftragten für die Aborigines, A. O. Neville, schrieb Hungerford:

Die Halbblutmädchen Molly und Daisy sind wieder hier am Ort, und ihr erstaunlicher Marsch scheint ihnen nicht geschadet zu haben. Sie haben die Strecke in Rekordzeit zurückgelegt, wenn man bedenkt, dass sie sich während der ganzen Zeit ihre Nahrung selbst beschaffen mussten ...

Arthur T. Hungerford
Jigalong, 29. 12. 31

Erst kürzlich hielten sich die beiden Mädchen im Camp der Eingeborenen bei Tor 494 des Kaninchenzauns auf, zirka 123 Meilen von hier entfernt. Molly, so meldete mir Mrs. R. George (Halbblut), ist nach Jigalong zurückgekehrt. Daisy ist zu einem Onkel namens Peter gegangen. Dieser Eingeborene, so höre ich, stammt aus dem Busch, sodass es sehr unwahrscheinlich ist, dass sie nach Lake Nabery gehen, denn

*das ist zirka sechzig Meilen südlich vom Camp der Georges
bei 494.*

E. Morrow
Constable

*An den
Obersten Schutzbeauftragten für die Aborigines
Nullagine*

*Molly, eins der Halbblutmädchen, die der Eingeborenen-
siedlung Moore River entlaufen sind, wurde hier in der Gegend gesehen. Soll sie nach Süden zurückgeschickt werden?*

Constable Riggs

*Der Oberste Schutzbeauftragte für die Aborigines hat die
untergeordneten Schutzbeauftragten dahingehend informiert, dass keine weiteren Schritte in der Angelegenheit
Halbblutmädchen Molly unternommen werden sollen, da
sie die Behörde bereits viel Geld gekostet hat. Bereits vor
ihrer Verschickung sind enorme Kosten entstanden, um sie
aufzufinden, und als sie entlaufen war, erregte das etliches
unangenehmes Aufsehen.*

Der Commissioner für Angelegenheiten der Aborigines

Sehr geehrter Mr. Neville,
    *Constable Riggs sagte mir, der Verbleib des Halbbluts
Molly sei für Sie nicht mehr von Interesse. Gilt das auch für
Daisy? Wie ich höre, sind sie bereits wieder auf vertrautem
Territorium, Gott weiß wo.*

*Hochachtungsvoll
Arthur T. Hungerford
Jigalong, 5. 11. 31*

*Ich wünsche, dass das Mädchen zurückgebracht wird, so-
fern das nicht zu hohe Kosten verursacht. Andernfalls würde das Ansehen der Behörde Schaden nehmen.*

A. O. Neville

Nach dem Abschied von Molly und Daisy hatte Gracie –
oder Chrissy, wie sie von den Behörden genannt wurde – am
Bahndamm auf den wöchentlichen Zug nach Wiluna gewartet. Als man ihr jedoch sagte, der Zug käme erst in mehreren
Tagen, ging sie am folgenden Tag los und folgte den Schienen, bis sie nach White Well kam, wo ein Mardu-Paar namens Rosie und Ned sein Lager aufgeschlagen hatte.

«Komm, ruh dich aus und iss mit uns», lud Rosie sie ein.
«Wie heißt du, und woher kommst du?»

«Ich heiße Lucy und komme aus Jigalong», sagte Gracie.
Als der Zug kam, reiste sie mit Rosie und Ned nach Wiluna.

Binnen kürzestem genoss sie wieder das entspannte, sor-
genfreie Leben, das sie vor dem Transport nach Süden ge-
führt hatte. Allerdings fiel es ihr schwer, sich an einen festen
Wohnsitz zu gewöhnen und jede Nacht im selben Bett zu
schlafen, dazu noch auf einer Matratze.

Ihre Mutter war nicht in Wiluna, als sie dort ankam, aber
Gracie wollte dort auf sie warten. Sicher würde sie bald
kommen und sie holen. In der Zwischenzeit gewöhnte sie
sich an all die Annehmlichkeiten eines Zuhauses, drei gute
Mahlzeiten pro Tag und ein bequemes Bett.

Als sie eines Tages vor der Tür saß, wurde sie von einem
Spurenleser der Polizei entdeckt, einem Mardu. Er rannte
zur Polizeiwache und erstattete dem Sergeant Bericht.

«Sergeant, Sie kennen doch die drei *muda-muda*-Mäd-
chen, die aus der Siedlung ausgerissen sind?»

«Ja. Ich habe die Telegramme und Meldungen über sie
gelesen.»

«Genau. Eine von ihnen habe ich gerade im Camp von Rosie und Ned gesehen.»

«Was?», rief der Sergeant. «Willst du damit etwa sagen, dass sie den ganzen Weg hierher zu Fuß gegangen sind?»

«Nein, nur eine», sagte der Spurenleser.

Sergeant Mills fuhr zum Eingeborenencamp und befragte Gracie, die ihm die ganze Geschichte ihrer Flucht erzählen musste.

«Dieses Mädchen», schrieb Mills daraufhin in einem Brief an den Obersten Schutzbeauftragten für die Aborigines, *«ist etwa 12 oder 13 Jahre alt und noch nicht ausgewachsen, schüchtern und zurückhaltend. Sie stammt nicht aus diesem Distrikt und spielte mit dem Gedanken, Rosies Camp zu verlassen und in den Busch zu flüchten. Deshalb nahm ich sie am 4. 10. 31 mit auf die Polizeiwache. Ich halte sie hier fest, bis ich von Ihnen weitere Instruktionen erhalte.»*

Alle, die etwas mit dem Fall zu tun hatten, kamen überein, dass Gracie so bald wie möglich nach Moore River zurückgeschickt werden sollte. Neville, der Oberste Schutzbeauftragte für die Aborigines, war jedoch bemüht, die Kosten niedrig zu halten, und so begrüßte er den Vorschlag von Sergeant Mills und Inspektor Simpson, Mills' Frau könne Gracie begleiten, sofern das Amt für Angelegenheiten der Aborigines Fahrtkosten und Spesen übernehme.

Insgesamt erhielten die Polizisten, die an der Suche und Ergreifung der drei Ausreißerinnen aus Jigalong beteiligt waren, eine beträchtliche Summe zur Deckung ihrer Kosten. Diese drei Mädchen hatten das Department finanziell in eine missliche Lage gebracht. In einem Brief an den Polizei-Commissioner schrieb der Oberste Schutzbeauftragte für die Aborigines:

Es ist ein Jammer, dass sich diese jungen Mädchen (ge-

meint sind Molly und Daisy) *dem Lebensstil der Eingebore-*
nen zugewandt haben, aber da kann man wohl nichts ma-
chen. Es sind begabte, attraktive Mädchen, die man schon
vor Jahren von ihren Familien hätte trennen sollen.

All das verdeutlicht die Notwendigkeit, dass Polizei-
beamte jedes Mal Meldung erstatten, wenn sie Kenntnis von
Halbblutkindern erhalten, die sich im Busch aufhalten. Mir
ist bekannt, dass jetzt so verfahren wird, aber in einigen Di-
strikten scheint das in der Vergangenheit vernachlässigt wor-
den zu sein.

Oberster Schutzbeauftragter für die Aborigines
26. 4. 32

«Wir sind dem Zaun gefolgt, dem Kaninchenzaun, den ganzen Weg von der Siedlung bis nach Jigalong. Ein weiter Weg,
das stimmt. Wir waren lange im Busch und haben uns dort
versteckt», erinnert sich Molly, die heute Ende siebzig ist.
Als sie ihr Schicksal selbst in die Hand nahm, war sie vierzehn.

«Ein weiter Weg» ist deutlich untertrieben für das, was
zweifellos einer der längsten Fußmärsche im australischen
Outback war. Während andere Reisen durch den Kontinent
auf Pferden oder Dromedaren unternommen wurden, waren die drei Mädchen zu Fuß unterwegs – und das barfuß.
Es war eine unglaubliche Leistung. Ausdehnung und Viel-
falt der westaustralischen Landschaft nötigten ihnen den
größten Respekt ab, damals wie heute. Ihre historisch ein-
malige Wanderung dauerte fast neun Wochen – sie hatten
nur einen Versuch, und sie schafften es.

Einige Monate später saß in der Kleinstadt Margaret River
im Südwesten des Landes eine kleine Gruppe von Menschen

entspannt im Salon einer Pension am Kamin. Sie hörten interessiert zu, wie einige junge Frauen die tragische Geschichte dreier Aborigine-Mädchen erzählten. Entweder seien sie ertrunken oder in der Wildnis umgekommen; ihre Leichen seien jedenfalls nie gefunden worden.

«Wo war das?», fragte eine gewisse Mrs. Mary Dunnet, die dort bei ihrer Schwester, der Pensionswirtin, Urlaub machte.

«In der Eingeborenensiedlung Moore River, in der Nähe von Mogumber, nördlich von Perth», lautete die Antwort. Die Frauen, die diese Geschichte erzählten, arbeiteten als Erzieherinnen in der Siedlung.

«Da kann ich Ihnen eine erfreuliche Mitteilung machen», sagte Mrs. Dunnet. «Die drei Mädchen nicht sind ertrunken. Sie sind nach Haus zurückgekehrt, nach Jigalong und Wiluna, und es geht ihnen bestens.»

9. Was wurde aus ihnen?
Wie leben sie heute?

Molly wurde von der bereits erwähnten Miss Dunnet als Hausmädchen auf der Balfour-Downs-Farm zirka 40 Kilometer nordöstlich des heutigen Jigalong ausgebildet und angestellt. Dort heiratete sie Toby Kelly, einen Viehhüter. Sie bekam zwei Töchter, Doris (die Autorin) und Annabelle. Am 18. November 1940 wurde sie nach ihrer Entlassung aus dem Royal Perth Hospital, wo ihr der Blinddarm entfernt worden war, auf ministeriellen Erlass hin noch einmal in die Eingeborenensiedlung Moore River gebracht. Kurz darauf bekam sie einen Brief von zu Hause, in dem ihr der Tod von Familienmitgliedern aus Jigalong mitgeteilt wurde. Eine Nichte war an den Kopfverletzungen gestorben, die sie sich selbst zugefügt hatte – der rituelle Ausdruck von Verzweifelten bei Schmerz und Trauer. In diesem Fall galt die Trauer der Abreise Mollys und ihrer Kinder. Die anderen waren an Keuchhusten gestorben.

Man verweigerte Molly die Rückkehr nach Balfour Downs. Da sie sich jedoch nicht an das Leben in der Siedlung gewöhnen konnte, floh sie am 1. Januar 1941 und nahm die achtzehnmonatige Annabelle mit, während sie Doris in der Siedlung zurückließ. Monate später erreichte sie mit ihrem Baby in guter Verfassung Jigalong. Sie war derselben Route gefolgt wie neun Jahre zuvor und zog mit der kleinen Tochter wieder bei ihrem Mann Toby auf der Balfour-Downs-Farm ein. Drei Jahre später nahm man ihr Annabelle fort und schickte sie ins Sister-Kate-Kinderheim nach Queens Park. Molly hat sie nie wieder gesehen. Molly und

Toby arbeiteten auf verschiedenen Farmen in Meekatharra und Newman, bis sie sich 1972 zur Ruhe setzten. Toby starb im Oktober 1973. Heute führt Molly in Jigalong ein ruhiges Leben. Sie ist immer noch aktiv am öffentlichen Leben beteiligt. Nach dem Familienkodex der Aborigines hat Molly achtzehn Enkelkinder, neunundzwanzig Großenkel und zwei Urgroßenkel.

Gracie wurde in Wiluna festgenommen und zur Eingeborenensiedlung Moore River zurückgebracht, wo man ihr den Nachnamen Jigalong gab, der später zu Long verkürzt wurde. Sie ging dort zur Schule und wurde als ausgebildetes Hausmädchen entlassen. Sie arbeitete auf verschiedenen Farmen im Weizengürtel und in der Gegend von Murchison sowie in öffentlichen Einrichtungen in der Umgebung der Hauptstadt. Auf einer Farm im Distrikt Shark Bay heiratete sie Harry Cross, einen jungen Farmarbeiter. Die beiden bekamen sechs Kinder: Lucina, Therese, Margaret, Marcia, Celine und Clarence. Nach ihrer Scheidung zog Gracie nach Geraldton. Sie starb im Juli 1983. Nach Jigalong ist sie nie zurückgekehrt.

Nachdem Daisy Kadibil zu ihrer Familie zurückgekehrt war, zog sie mit ihr zuerst in die Umgebung der Goldminen von Jimalbar und später südlich von Jigalong in ein Camp nahe dem Lake Naberu, gleich neben dem Kaninchenzaun. Auch sie wurde zum Hausmädchen ausgebildet und arbeitete später auf verschiedenen Farmen in der Umgebung. Sie heiratete Kadibil, einen Farmarbeiter, und hatte vier Kinder mit ihm: Noreena, Elizabeth, Jenny und Margaret. Nach dem Tod ihres Mannes zog sie in die Adventistenmission Seventh Day, 25 Kilometer nördlich von Meekatharra, wo sie als Köchin und Haushälterin arbeitete. Sie blieb dort, bis die

Mission in den siebziger Jahren geschlossen wurde. Daisy ist eine wunderbare Geschichtenerzählerin. Ohne ihr Erzähltalent, ihre lebendigen Erinnerungen und ihre Lebensfreude wäre dieses Buch nicht geschrieben worden. Heute wohnt Daisy mit ihrem Sohn, ihren Töchtern und deren Familien in Jigalong.

Glossar der Wörter
aus der Mardudjara-Sprache

barlu = ihm, ihr, dieser Person

biguda = rotes Känguru

buchiman = Buschmann

bukala = Beeilung, beeilen

bilgur = Verlobter oder versprochener Mann

bunna = Boden oder Erde, Sand

dgingi = Fett, Bratfett

dgudu = ältere Schwester

dgundu = Dingo oder Hund

durn-durn = junges Mädchen oder Teenager

genga = der Geist der Ahnen

gilla = Regenbogenschlange

girdi girdi = Känguruart, die in Mittelgebirgen lebt

gulja = Mischung aus Tabak und Asche

gulu = warten

gurnmanu = Wie war nochmal sein/ihr Name?

indi = nicht wahr?

jaarta = Hemd

jawuja = Hose

jina = Fuß

jina-jina = Kleid, Rock oder Hemd

kudda = Haare

kukarda = Osten

kyalie = Norden

kumbu machen = urinieren

marbarn = magisches Objekt, das einem die Kraft zum Heilen und Wiederfinden von verlorenen Dingen verleiht

marbu = Fleisch fressender Geist

mayi = Buschbrot

midgerji = weiße Frau

midgi-midgi = rot

midka = Essen, Mahlzeit oder Festessen

muda-muda = Halbblut

mundu = Fleisch

murrandu = Eidechse

neked = nackt

ngubby = Ding, etwas

wandi = weibliches Wesen

wangka = sprechen, Sprache

worru = Feuer

wudgebulla = weißer Mann

wuungku = Schutz oder Unterschlupf

yaata = weggehen, geh weg!

yalta- / galyu-Zeit = Winter oder Regenzeit

yardini = komm her!

yina booger = Fußbekleidung

youay = ja

yowada = Pferd

Verwendete Materialien

Bücher

Biskup, P., 1973, *Not Slaves: Not Citizens*, University of Queensland Press, St. Lucia.

Crowley, F. K. und de Garis, B. K., *A Short History of Western Australia*, Melbourne und Sydney.

Hughes, R., 1988, *The Fatal Shore*, Pan Books, London.

Moore, G. F., *Diary of Ten Years of an Early Settler in Western Australia*, University of Western Australia Press, Perth.

Rowley, C. D., 1970, *The Destruction of Aboriginal Society*, Australian National University Press, Canberra.

–, 1971, *Outcasts in White Australia*, Australian National University Press, Canberra.

–, 1971, *The Remote Aborigines*, Australian National University Press, Canberra.

Stone, S. N., 1974, *Aborigines in White Australia*, Griffen Press, Adelaide.

Tonkinson, R., 1974, *The Jigalong Mob: Aboriginal Victors of The Desert Crusade*, Benjamin/Collins, California.

–, 1978, *The Mardudjara Aborigines: Living the Dream in Australia's Desert*, Holt, Rinehart and Winston, Sydney.

Regierungsakten und Zeitungen

Department of Family and Children's Services Original Police File Number 5979/31

Department of Native Affairs File Numbers 173/30; 175/30; 345/36

Illustrated Melbourne Post, 20. August 1861

West Australian, 11. August 1931

Der Film

Originaltitel: *Rabbit-Proof Fence*
Australien 2002, 94 Min.

Darsteller:

Molly	Everlyn Sampi
Gracie	Laura Monaghan
Daisy	Tianna Sansbury
A. O. Neville	Kenneth Branagh
Moodoo	David Gulpilil
Constable Riggs	Jason Clarke
Maude, Mollys Mutter	Ningali Lawford
Mollys Großmutter	Myran Lawford

Stab:

Regie	Phillip Noyce
Buch	Doris Pilkington
Drehbuch	Christine Olsen
Produzenten	Phillip Noyce, Christine Olsen, John Winter
Originalmusik	Peter Gabriel
Kamera	Christopher Doyle, Brad Shield
Schnitt	Veronika Jenet, John Scott
Casting	Christine King
Szenenbild	Roger Ford
Bauten/Dekoration	Laurie Faen
Kostüme	Roger Ford
Produktionsleiter	Julie Sims
Dramaturgie	Rachael Maza
Ton	Craig Carter

Filmstart in Deutschland: 29. Mai 2002

*Der Soundtrack von Peter Gabriel «Long Walk Home/
The Rabbit-Proof Fence» ist im Handel erhältlich*